#나의_사원증_미리_채우기

#취뽀성공 #합격은_나의_것 #올취완_올해취업완료 #롯데_신입사원

사이다

사일 동안
이것만 풀면
다 합격!

롯데그룹
온라인 L-TAB

시대에듀

2026 최신판 시대에듀 사이다 모의고사
롯데그룹 L-TAB 온라인 직무적합진단

Always with you

사람의 인연은 길에서 우연하게 만나거나 함께 살아가는 것만을 의미하지는 않습니다.
책을 펴내는 출판사와 그 책을 읽는 독자의 만남도 소중한 인연입니다.
시대에듀는 항상 독자의 마음을 헤아리기 위해 노력하고 있습니다. 늘 독자와 함께하겠습니다.

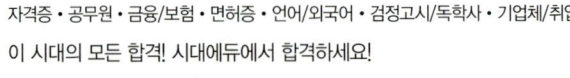

머리말 PREFACE

롯데그룹은 글로벌 기업으로 롯데제과를 설립한 이후 40여 년 동안 식품, 유통, 관광, 화학, 건설, 금융 등으로 꾸준히 사업을 다각화하면서 국가 경제 발전과 고객의 삶의 질 향상에 기여해왔다. 또한 철저한 품질주의와 내실 경영으로 건전한 재무구조를 구축하고, 핵심 사업에 역량을 효율적으로 집중하였다. 이를 통해 글로벌 경쟁력을 지속적으로 강화하여 세계 기업으로의 도약을 위한 기반을 다져왔다.

롯데그룹은 미래 50년 동안에도 지속가능한 성장을 이룰 수 있도록 그룹의 성장 방향을 질적 성장으로 전환하고, 이에 맞춰 새로운 비전인 「Lifetime Value Creator」를 선포하여 고객에게 전 생애주기에 걸쳐 최고의 가치를 선사하도록 노력하고 있다.

롯데그룹은 사고와 행동방식의 기준으로 'Beyond Customer Expectation', 'Challenge', 'Respect', 'Originality'라는 핵심가치와 함께 '투명 경영', '핵심 역량 강화', '가치 경영', '현장 경영'이라는 네 가지 경영방침을 제시한다. 이를 바탕으로 적극적으로 세계 시장을 개척하여 아시아를 선도하는 글로벌 기업의 꿈을 반드시 실현해 나갈 수 있도록 우수인재 확보를 위한 롯데그룹만의 인재 선발방식인 L-TAB을 실행하고 있다.

이에 시대에듀에서는 롯데그룹 온라인 L-TAB을 준비하는 수험생들이 시험에 효과적으로 대비할 수 있도록 다음과 같은 특징의 본서를 출간하였다.

도서의 특징

❶ 언어적 사고/수리적 사고/문제해결 총 3개의 출제영역으로 구성된 모의고사 4회를 수록하여 매일 1회씩 풀며 시험 전 4일 동안 자신의 실력을 최종적으로 점검할 수 있도록 하였다.

❷ 전 회차에 도서 동형 온라인 실전연습 서비스를 제공하여 실제로 온라인 시험에 응시하는 것처럼 연습할 수 있도록 하였다.

❸ 온라인 모의고사 2회를 더해 부족한 부분을 추가적으로 학습할 수 있도록 하였다.

끝으로 본서가 롯데그룹 채용을 준비하는 여러분 모두에게 합격의 기쁨을 전달하기를 진심으로 기원한다.

SDC(Sidae Data Center) 씀

롯데그룹 기업분석 INTRODUCE

◇ 미션

사랑과 신뢰를 받는 제품과 서비스를 제공하여
인류의 **풍요로운 삶**에 기여한다.

We enrich people's lives by providing superior products and services
that our customers love and trust.

풍요

롯데가 설립 이래 지속적으로 고객에게 제공해 온 '풍요'의 가치를 강조해 타 그룹과 차별성을 나타낸다.

기여

'고객의 사랑과 신뢰를 받고 인류의 삶에 기여'하기 위한 끊임없는 노력의 동기를 제공한다.

확장

'제품과 서비스' 그리고 '인류'라는 포괄적인 표현으로 신규 사업영역 확장의 의지를 피력한다.

◇ 비전

Lifetime Value Creator

'새로운 50년을 향한 다짐'

롯데는 미래 50년 동안에도 지속가능한 성장을 이룰 수 있도록 그룹의 성장 방향을 질적 성장으로 전환하고, 이에 맞춰 새로운 비전을 선포하였다. 「Lifetime Value Creator」에는 롯데의 브랜드를 통해 고객에게 전 생애주기에 걸쳐 최고의 가치를 선사하겠다는 의미가 담겨있다.

◇ 핵심가치

Beyond Customer Expectation

우리는 고객의 요구를 충족하는 데 머무르지 않고,
고객의 기대를 뛰어넘는 가치를 창출해낸다.

Challenge

우리는 업무의 본질에 집중하며 끊임없는 도전을 통해 더 높은 수준의 목표를 달성해 나간다.

Respect

우리는 다양한 의견을 존중하며 소통하고, 원칙을 준수함으로써 신뢰에 기반한 공동체를 지향한다.

Originality

우리는 변화에 민첩하게 대응하고, 경계를 뛰어넘는 협업과 틀을 깨는 혁신을 통해 쉽게 모방할 수 없는 독창성을 만든다.

◇ 인재상

자신의 성장과 함께 우리 사회를 보다 성숙시켜 나갈
열정과 **책임감**을 갖춘 글로벌 인재

1 실패를 두려워하지 않는 인재

2 실력을 키우기 위해 끊임없이 노력하는 인재

3 협력과 상생을 아는 인재

신입사원 채용 안내 INFORMATION

롯데그룹은 매년 3월, 6월, 9월, 12월에 모집 · 채용을 진행한다. 채용의 기본 일정 및 모집 공고는 그룹 공동으로 진행하며, 이후 서류전형과 인적성전형, 면접전형, 합격자 선발은 관계사별로 진행한다. 관계사 및 모집 분야에 따라 세부적인 절차가 달라지므로 개별 채용 공고를 반드시 확인해야 한다.

◇ 채용절차

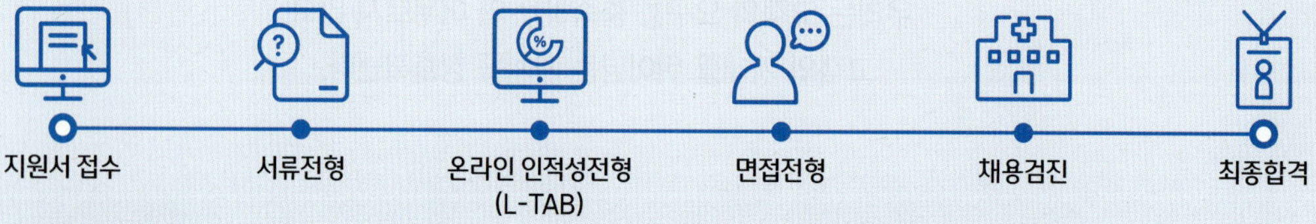

서류전형

- 롯데그룹의 인재상에 적합한 지원자를 선발하기 위해 기본적 자질 및 가치관을 다양한 측면에서 심사
- 입사지원서의 기재사항에 대한 사실 여부 확인

온라인 인적성전형(L-TAB)

- 지원자의 기본적인 조직적응 및 직무적합성을 평가하기 위한 기초능력검사
- 조직적합진단 : 지원자의 성격과 가치관이 롯데그룹의 문화와 얼마나 부합하는지 판단
- 직무적합진단 : 지원자가 직무 수행을 위한 기초역량을 갖추었는지 종합적으로 판단

면접전형

- 지원자의 역량, 가치관 및 발전 가능성을 종합적으로 심사
- 다양한 방식의 One-Stop면접 시행(실무면접, 임원면접 1일 통합면접)

※ 지원 직무에 따른 별도 면접 전형 방식이 추가될 수 있음

최종합격

- 롯데그룹 채용 홈페이지를 통한 결과 확인
- 개별 유선 통화 및 E-Mail과 SMS를 통한 결과 안내 발송

❖ 채용절차는 채용유형, 채용직무, 채용시기 등에 따라 변동될 수 있으므로 반드시 발표되는 채용공고를 확인하기 바랍니다.

2025년 하반기 기출분석 ANALYSIS

총평

2025년 하반기 롯데그룹 온라인 L-TAB은 직전 시험과 유사한 난이도로 출제되었으며, 안정적인 시간 분배가 중요했다. 영역을 아울러 복합적인 양상의 문제를 해결해야 하는 만큼 기출 유형에 대한 이해가 필수적이었고, 개념을 응용하여 풀이할 수 있는 능력 또한 요구되었다. 메일, 메신저 등 실무와 근접한 환경이 제시되기에 기본적인 업무 태도와 사고의 유연성이 필요했을 것으로 보인다. 평소 꾸준한 학습과 사전 대비로 롯데그룹만의 고유한 시험 형식에 당황하지 않았다면 수월하게 풀이했으리라 본다.

◇ 영역별 출제비중

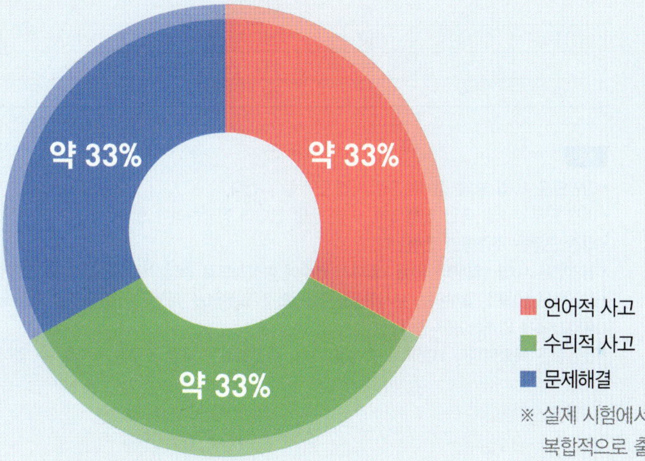

※ 실제 시험에서는 영역 구분 없이 복합적으로 출제됨

◇ 영역별 출제특징

구분	영역	출제특징
직무 적합 진단	언어적 사고	• 메일이나 메신저로 수신한 여러 파일 속 지문에서 문제와 관련된 정보를 도출하고 그것을 활용하여 해결하는 형식 • 메일 · 메신저의 형태로 답변을 등록할 때 수신인과 참조인 모두 확인해야 하는 것이 특징
	수리적 사고	• 언어적 사고 영역의 지문에서 도출한 정보를 활용하여 자료분석 유형의 도표를 파악하고 값을 구하는 문제 • 실무 관련 자료를 해석하여 순위, 비율, 증감률 등을 구하는 문제
	문제 해결	• 회의실 예약 등 실제 업무 상황에 필요한 사고력을 요구하는 문제 • 조직생활에서 발생할 수 있는 여러 상황에 대한 대처 능력을 평가하는 문제

롯데

2025년 적중

문제해결 ▶ 문제해결

03 L사에서 근무하고 있는 김인턴은 경기본부로 파견 근무를 나가고자 한다. 제시된 〈조건〉에 따라 파견일을 결정할 때, 다음 중 김인턴이 경기본부 파견 근무를 갈 수 있는 기간으로 옳은 것은?

〈10월 달력〉

일요일	월요일	화요일	수요일	목요일	금요일	토요일
				1	2	3
4	5	6	7	8	9	10
11	12	13	14	15	16	17
18	19	20	21	22	23	24
25	26	27	28	29	30	31

조건

- 김인턴은 10월 중에 경기본부로 파견 근무를 나간다.
- 파견 근무는 2일 동안 진행되며, 이틀 동안 연이어 진행하여야 한다.
- 파견 근무는 주중에만 진행된다.
- 김인턴은 10월 1일부터 10월 7일까지 연수에 참석하므로 해당 기간에는 근무를 진행할 수 없다.
- 김인턴은 10월 27일부터는 부서이동을 하므로, 27일부터는 파견 근무를 포함한 모든 담당 업무를 후임자에게 인계하여야 한다.
- 김인턴은 목요일마다 H본부로 출장을 가며, 출장일에는 파견 근무를 수행할 수 없다.

① 10월 6 ~ 7일
② 10월 11 ~ 12일
③ 10월 14 ~ 15일
④ 10월 20 ~ 21일
⑤ 10월 27 ~ 28일

삼성

2025년 적중

수리 ▶ 경우의 수

01 남자 5명과 여자 4명이 함께 있는 모임이 있다. 모임에서 성별마다 대표, 부대표를 한 명씩 선출하려고 할 때, 선출 가능한 경우의 수는 총 몇 가지인가?

① 240가지
② 120가지
③ 80가지
④ 40가지
⑤ 20가지

SK

2025년 적중

언어이해 ▸ 나열하기

※ 다음 제시된 문장 또는 문단을 논리적 순서대로 바르게 나열한 것을 고르시오. [16~17]

16

(가) 르네상스와 종교개혁을 거치면서 성립된 근대 계몽주의는 중세를 지배했던 신(神) 중심의 사고에서 벗어나 합리적 사유에 근거한 인간 해방을 추구하였다.
(나) 하지만 이 같은 문명의 이면에는 환경 파괴와 물질만능주의, 인간소외와 같은 근대화의 병폐가 숨어 있었다.
(다) 또한 계몽주의의 합리적 사고는 자연과학의 성립으로 이어졌으며, 우주와 자연에서 신비로운 요소를 걷어낸 과학 기술의 발전은 인류에게 그 어느 때보다 풍요로운 물질적 부를 가져왔다.
(라) 인간의 무지로부터 비롯된 자연에 대한 공포가 종교적 세계관을 낳았지만, 계몽주의는 이성과 합리성을 통해 이를 극복하였다.

① (가) – (나) – (다) – (라)
② (가) – (다) – (나) – (라)
③ (라) – (가) – (다) – (나)
④ (라) – (나) – (다) – (가)
⑤ (라) – (다) – (가) – (나)

LG

2025년 적중

창의수리 ▸ 수열

05 일정한 규칙으로 수를 나열할 때, 빈칸에 들어갈 수로 알맞은 것은?

174 172 169 168 166 163 162 160 ( ) 156

① 157
② 158
③ 159
④ 160
⑤ 161

학습플랜 STUDY PLAN

1일 차 학습플랜 1일 차 기출응용 모의고사

____월 ____일		
언어적 사고	수리적 사고	문제해결

2일 차 학습플랜 2일 차 기출응용 모의고사

____월 ____일		
언어적 사고	수리적 사고	문제해결

3일 차 학습플랜 3일 차 기출응용 모의고사

_____월 _____일

언어적 사고	수리적 사고	문제해결

4일 차 학습플랜 4일 차 기출응용 모의고사

_____월 _____일

언어적 사고	수리적 사고	문제해결

취약영역 분석 WEAK POINT

1일 차 취약영역 분석

시작 시간	:	종료 시간	:
풀이 개수	개	못 푼 개수	개
맞힌 개수	개	틀린 개수	개
취약영역 / 유형			
2일 차 대비 개선점			

2일 차 취약영역 분석

시작 시간	:	종료 시간	:
풀이 개수	개	못 푼 개수	개
맞힌 개수	개	틀린 개수	개
취약영역 / 유형			
3일 차 대비 개선점			

3일 차 취약영역 분석

시작 시간	:	종료 시간	:
풀이 개수	개	못 푼 개수	개
맞힌 개수	개	틀린 개수	개
취약영역 / 유형			
4일 차 대비 개선점			

4일 차 취약영역 분석

시작 시간	:	종료 시간	:
풀이 개수	개	못 푼 개수	개
맞힌 개수	개	틀린 개수	개
취약영역 / 유형			
시험일 대비 개선점			

이 책의 차례 CONTENTS

1일 차
기출응용 모의고사

〈시험 개요 및 시간〉

롯데그룹 온라인 L-TAB	
개요	제한시간
• 실제 업무 상황처럼 구현된 아웃룩 메일함 / 자료실 환경에서 이메일 및 메신저 등으로 전달된 다수의 과제 수행 • 문항에 따라 객관식, 주관식, 자료 첨부 등 다양한 형태의 답변이 가능 • 문항 수 구분은 없으나 대략적으로 30 ~ 40문제 수준의 문항 수가 주어짐	3시간 (사전준비 1시간 포함)

1일 차 기출응용 모의고사

문항 수 : 40문항
시험시간 : 120분

※ 다음은 L사 마케팅부서의 K부장이 부서 메신저 방에 공유한 글이다. 이어지는 질문에 답하시오. [1~4]

인간의 욕구는 치열한 경쟁 속에서 살아남으려는 생존 욕구부터 시작해 자아실현 욕구에 이르기까지 끝이 없다. 그런데 이런 인간의 욕구는 얼마나 다양하고 또 욕구 간에는 어떤 순차적인 단계가 있는 걸까? 본질적인 질문에 대해 에이브러햄 매슬로(Abraham Maslow)는 1943년 인간 욕구에 관한 학설을 제안했다. 이른바 '매슬로의 인간 욕구 5단계 이론(Maslow's Hierarchy of Needs)'이다. 이 이론에 의하면 사람은 누구나 다섯 가지 욕구를 가지고 태어나며, 이들 다섯 가지 욕구에는 우선순위가 있어서 단계가 구분된다.

사람은 가장 기초적인 욕구인 생리적 욕구(Physiological Needs)를 맨 먼저 채우려 하며, 이 욕구가 어느 정도 채워지면 안전해지려는 욕구(Safety Needs)를, 안전 욕구가 어느 정도 채워지면 사랑과 소속 욕구(Love & Belonging)를, 더 나아가 존경 욕구(Esteem)와 마지막 욕구인 자아실현 욕구(Self-Actualization)를 차례대로 채우려 한다. 즉, 사람은 5가지 욕구를 채우려 하되 우선순위에 있어서 가장 기초적인 욕구부터 차례로 채우려 한다는 것이다.

좀 더 자세히 보자. 첫 번째 단계는 생리적 욕구이다. 숨 쉬고, 먹고, 자고, 입는 등 우리 생활에 있어서 가장 기본적인 요소들이 포함된 단계이다. 사람이 하루 세끼 밥을 먹는 것, 때마다 화장실에 가는 것 그리고 종족 번식 본능 등이 이 단계에 해당한다. 두 번째 단계는 ㉠ <u>안전 욕구</u>이다. 우리는 종종 놀이동산에서 롤러코스터를 탈 때 '혹시 이 기구가 고장이 나서 내가 다치지는 않을까?' 하는 염려를 한다. 이처럼 안전 욕구는 신체적, 감정적, 경제적 위험으로부터 보호받고 싶은 욕구이다. 세 번째 단계는 소속과 애정의 욕구이다. 누군가를 사랑하고 싶은 욕구, 어느 한 곳에 소속되고 싶은 욕구, 친구들과 교제하고 싶은 욕구, 가족을 이루고 싶은 욕구 등이 여기에 해당한다. 네 번째 단계는 존경 욕구이다. 흔히 말하는 명예욕, 권력욕 등이 이 단계에 해당한다. 즉, 누군가로부터 높임을 받고 싶고, 주목과 인정을 받으려 하는 욕구이다. 마지막 다섯 번째 단계는 자아실현 욕구이다. 존경 욕구보다 더 높은 욕구로 역량, 통달, 자신감, 독립심, 자유 등이 있다. 매슬로는 최고 수준의 욕구로 이 자아실현 욕구를 강조했다. 모든 단계가 기본적으로 충족되어야만 이뤄질 수 있는 단계로, 자기 발전을 이루고 자신의 잠재력을 끌어내어 극대화할 수 있는 단계라고 주장한 것이다.

이러한 인간 욕구 5단계 이론은 경영학에서 두 가지 의미로 널리 사용된다. 하나는 인사 분야에서 인간의 심리를 다루는 의미로 쓰인다. 그 예로 승진이나 보너스, 주택 전세금 대출 등 사원들의 동기부여를 위한 다양한 보상 방법을 만드는 데 사용한다. 동기를 부여할 때 주로 사용한다고 하여 '매슬로의 동기부여론'이라고도 부른다.

다른 하나는 마케팅 분야에서 소비자의 욕구를 채우기 위해 단계별로 서로 다른 마케팅 전략을 적용하는 데 사용한다. 예를 들어 채소를 구매하려는 소비자가 안전의 욕구를 갖고 있다고 가정하자. 마케팅 전략을 짜는 사람이라면 '건강'에 기초한 마케팅 전략을 구상해야 할 것이다. 마케팅 담당자가 고객의 욕구보다 더 높은 수준의 가치를 제공한다면, 고객 만족을 실현할 수 있는 지름길이자 기회가 되는 것이다.

01 **K부장이 공유한 글을 읽은 부서원들이 메신저 방에 회신을 남겼다. 다음 중 회신의 내용으로 적절하지 않은 것은?**

① 배고플 때 맛있는 음식이 생각나는 것은 인간 욕구 5단계 중 첫 번째 단계에 해당하겠네요.
② 사람은 가장 기초적인 욕구부터 차례로 채우려 하는군요.
③ 우수한 사원을 위한 성과급은 매슬로의 동기부여론 사례로 볼 수 있겠어요.
④ 행복한 가정을 이루고 싶어 하는 것은 존경 욕구에 해당하네요.
⑤ 인간 욕구 5단계 이론은 고객의 만족을 위한 전략에 활용될 수 있겠어요.

02 **K부장은 해당 내용을 바탕으로 개인별 면담을 진행하고자 부서원 A ~ E 5명의 관련 사례를 수집하였다. 다음 중 ㉠에 대한 사례로 가장 적절한 것은?**

① 돈을 벌어 부모에게서 독립하고 싶은 A사원
② 야근에 지쳐 하루 푹 쉬고 싶어 하는 B대리
③ 노후 대비를 위해 연금보험에 가입한 C과장
④ 동호회 활동을 통해 다양한 사람들을 만나고 싶은 D과장
⑤ 모두에게 존경받는 리더가 되기 위해 열심히 공부하는 E차장

03 **K부장은 면담이 끝난 후 친목회를 위해 부서원들과 함께 놀이공원에 방문했다. 놀이공원의 입장료는 1인당 16,000원이며 정가에서 25% 할인된 금액에 10인 단체 티켓을 구매할 수 있다. 부서원이 몇 명 이상일 때부터 20명분의 단체 티켓 2장을 구매하는 것이 더 유리한가?(단, 부서원은 10명보다 많다)**

① 14명
② 15명
③ 16명
④ 17명
⑤ 18명

04 **A～F직원 6명은 놀이공원에 사람이 많을 것을 고려해 점심을 12시, 1시 두 팀으로 나누어 먹기로 하였다. 다음 내용이 모두 참일 때, 반드시 참인 것은?**

- A직원은 B직원보다 늦게 먹지는 않는다.
- A직원과 C직원은 같이 먹는다.
- C직원과 D직원은 따로 먹는다.
- E직원은 F직원보다 먼저 먹는다.

① A직원과 B직원은 다른 시간에 먹는다.
② B직원과 C직원은 같은 시간에 먹는다.
③ D직원과 F직원은 같은 시간에 먹는다.
④ 12시와 1시에 식사하는 인원수는 다르다.
⑤ A직원이 1시에 먹는다면 1시 팀의 인원이 더 많다.

※ 다음은 경영지원팀에서 발송한 메일이다. 이어지는 질문에 답하시오. [5~8]

발신 : 김어진(경영지원, ujkim@kkk.co.kr) 14:25:32	
수신 : 서우선(영업1 / 팀장), 김준서(영업2 / 팀장), 신수안(교육 / 팀장), 최연(R&D / 팀장)	
참조 : 구서준(경영지원 / 팀장, sjgoo@kkk.co.kr)	
제목 : 사내 에너지 절약 캠페인 실행 및 경영지원실 안내의 건	
안녕하십니까? 경영지원팀 김어진 대리입니다. 익일부터 시행되는 '사내 에너지 절약 캠페인'과 관련한 안내문을 보내드립니다. 팀장님들께서는 해당 팀원들에게 본 메일을 전달해 주시어 모두가 캠페인의 내용을 숙지하도록 해주시기 바랍니다. 캠페인 안내문에는 공공 단위와 개별 단위로 실천할 수 있는 절약 행동이 담겨 있습니다. 그러나 본 메일에 첨부한 포스터는 개별 단위 실천 행동만 담은 지침 포스터입니다. 팀장님들께서는 팀원들이 각자 포스터를 출력하여 개인 책상 앞에 부착하도록 안내해 주시기 바랍니다. 추신. 경영지원실에서 안내 말씀드립니다. 1) 영업실적 미입력 현재 영업팀의 영업실적이 입력되지 않아 급여 산정에 어려움을 겪고 있습니다. 팀장님들께서는 실적 미입력자가 조속히 인트라넷에 실적을 입력할 수 있도록 조치하여 주시기 바랍니다. 2) 워크숍 일정 선정 오는 9월엔 창립기념일이 있습니다. 금년에도 창립기념일을 기념하는 전사 워크숍이 있을 예정입니다. 워크숍 일정을 조율하기 위한 사전 조사 파일을 함께 보내드립니다. 팀장님들께서는 첨부파일을 확인하시어 팀별 참여 가능 일정을 조사해주신 뒤 해당 내용을 경영지원팀 손시윤 사원(syson@kkk.co.kr)에게 회신하여 주시기 바랍니다. 감사합니다. 경영지원팀 김어진 드림	
첨부파일	에너지절약 캠페인_안내문.hwp 에너지절약 캠페인_포스터.pdf

05 **다음 중 김어진 대리가 첨부한 캠페인 포스터가 포함하고 있을 내용으로 가장 적절한 것은?**

① 손을 깨끗하게 닦으셨군요! 그렇다면 당신의 손을 산뜻하게 만들어 줄 페이퍼 타올은 한 장씩만 사용해 주세요! 한 장이면 충분해요.
② 잠깐! 오탈자 확인하셨나요? 오타 확인은 종이 낭비를 막는 가장 빠른 지름길! 1분을 투자하는 습관이 1억의 자연 가치로 돌아옵니다.
③ 혹시 마지막으로 퇴근하고 계신가요? 오늘도 열심히 일한 멋진 당신에게 휴식을 선물합니다. 설레는 퇴근길이지만 당신의 하루를 함께 밝힌 전구에게도 휴식을 선물하는 것을 잊지 말아 주세요.
④ 양치질 후 헹궈낼 땐 맨손 대신 컵을 사용해요. 혹시 컵이 없으신가요? 지금 바로 경영지원실로 찾아오세요! 선착순 15명에게 컵을 드려요!
⑤ 계단을 한 칸씩 오를 때마다 여러분의 건강수명은 늘어납니다. 3층 이하는 엘리베이터 대신 계단을 이용합시다.

06 **워크숍은 A ~ E 5개 부서가 참가할 예정이다. 워크숍 진행 순서가 다음과 같을 때, 세 번째로 워크숍을 진행하는 부서는?**

- A부서는 C부서보다 먼저 한다.
- B부서는 A부서보다 늦게 D부서보다 빨리 한다.
- B부서와 D부서는 C부서보다 빨리한다.
- D부서는 E부서보다 먼저 한다.
- E부서는 C부서보다 먼저 하지만 A부서보다 늦게 한다.

① A부서
② B부서
③ C부서
④ D부서
⑤ E부서

07 **워크숍과 관련하여 구서준 팀장은 숙소 배정 업무를 맡았다. 다음 내용을 바탕으로 할 때 워크숍에 참여하는 사원 수는?**

- 5명씩 방을 배정하면 9명이 방 배정을 못 받는다.
- 7명씩 방을 배정하면 방이 3개가 남는다.

① 70명
② 74명
③ 79명
④ 84명
⑤ 89명

08 다음 중 위 메일의 내용과 관련이 없는 것은?

①

발신	서우선
수신	영업1팀 전체
참조	
제목	FW: 사내 에너지 절약 캠페인 실행

금일 경영지원실로부터 받은 캠페인 실행 관련 메일을 포워딩합니다.

---- 내용 ----

안녕하십니까?
경영지원팀 김어진 대리입니다.

익일부터 시행되는 '사내 에너지 절약 캠페인' 실행과 관련한 안내문을 보내드립니다.

첨부	에너지절약 캠페인_안내문.hwp 에너지절약 캠페인_포스터.pdf

②

발신	신수안
수신	손시윤(경영지원, syson@kkk.co.kr)
참조	
제목	창립일 기념 워크숍 일정 조사의 건

안녕하십니까?
교육팀 신수안 팀장입니다.

교육팀의 워크숍 참여 가능 일정을 송부합니다.

감사합니다.

신수안 드림

첨부	창립일 기념 워크숍 일정 조사_교육팀.xls

③

발신	김준서
수신	김어진(경영지원, ujkim@kkk.co.kr)
참조	
제목	영업 실적 입력 건

안녕하세요.
영업2팀 팀장 김준서입니다.

영업2팀의 영업실적을 수기 입력하여 송부합니다.
업무에 불편을 드려 죄송합니다.

김준서 드림

첨부	영업실적_영업2팀.xls

④

발신	최연
수신	R&D팀 전체
참조	
제목	사내 에너지 절약 캠페인 실행 건

최연입니다.

내일부터 전사적 차원의 에너지 절약 캠페인이 시행될 예정입니다.
본 안내문과 포스터를 참고하시어 캠페인에 적극 동참하여 주시기 바랍니다.

감사합니다.

첨부	에너지절약 캠페인_안내문.hwp 에너지절약 캠페인_포스터.pdf

⑤

발신	구서준
수신	손시윤(경영지원, syson@kkk.co.kr)
참조	
제목	창립일 기념 워크숍 일정 조사의 건

구서준입니다.

경영지원팀의 워크숍 참여 가능 일정도 송부하니 워크숍 일정 조율 시 참고 바랍니다.

감사합니다.

첨부	창립일 기념 워크숍 일정 조사_경영지원팀.xls

※ 다음은 원탁 테이블 3개가 있는 어느 카페의 하루 방문자 현황이다. 이어지는 질문에 답하시오. [9~12]

- 카페에서 보유한 원탁에 대한 정보는 다음과 같으며, 카페는 원탁을 1개씩 보유하고 있다.
  - 2인용 원탁 : 1～2인만 앉을 수 있음
  - 4인용 원탁 : 1～4인만 앉을 수 있음
  - 6인용 원탁 : 3～6인만 앉을 수 있음
- 방문한 인원수에 맞추어 원탁을 배정하며 가능한 한 작은 원탁을 우선 배정한다.
- 함께 온 일행은 같이 앉을 수 있는 자리가 없다면 즉시 퇴장한다.
- 함께 온 일행은 함께 앉을 수 있으면 같은 원탁에 앉고, 항상 함께 온 일행과 함께 나간다.
- 한 번 들어온 손님은 반드시 1시간 동안 머문 후 나간다.
- 카페 영업시간은 오전 9시부터 오후 10시까지이다.
- 시각별 새로운 고객 입장 및 새로운 고객 입장 전 기존 고객에 대한 정보는 다음과 같다. 이 외에 새로운 고객은 없다.

(단위 : 명)

시각	새로운 고객	기존 고객	시각	새로운 고객	기존 고객
09:20	2	0	15:10	5	
10:10	1		16:45	2	
12:40	3		17:50	5	
13:30	5		18:40	6	
14:20	4		19:50	1	

※ 시각별 새로운 고객은 함께 온 일행을 포함한 인원수임

09 다음 중 오후 3시 15분에 카페에 앉아 있는 손님의 인원수는?

① 1명
② 4명
③ 5명
④ 7명
⑤ 9명

10 위 자료에 대한 설명으로 옳지 않은 것을 〈보기〉에서 모두 고르면?

보기

ㄱ. 오후 6시 정각에 카페에 앉아 있는 손님의 인원수는 5명이다.
ㄴ. 카페를 방문한 손님 중 돌아간 일행은 없다.
ㄷ. 오전에는 총 3명의 손님이 방문하였다.
ㄹ. 오후 2시 정각에는 2인용 원탁에 손님이 앉아 있다.

① ㄱ, ㄴ
② ㄱ, ㄷ
③ ㄴ, ㄷ
④ ㄴ, ㄹ
⑤ ㄷ, ㄹ

11 어른 3명과 아이 3명이 함께 카페에 왔다. 6인용 원탁에 앉는다고 할 때 앉을 수 있는 경우의 수는?(단, 아이들은 어른들 사이에 앉힌다)

① 8가지
② 12가지
③ 16가지
④ 20가지
⑤ 24가지

12 L사 직원 A ~ E 5명은 점심식사 후에 카페에 방문하여 각자 원하는 음료를 주문하였다. 다음 〈조건〉을 바탕으로 할 때, 카페라테 한 잔의 가격은?

> **조건**
> - 5명이 주문한 음료의 총금액은 21,300원이다.
> - A를 포함한 3명의 직원은 아메리카노를 주문하였다.
> - B는 혼자 카페라테를 주문하였다.
> - 나머지 1명은 5,300원인 생과일주스를 주문하였다.
> - A와 B의 음료 금액은 총 8,400원이다.

① 3,800원
② 4,000원
③ 4,200원
④ 4,400원
⑤ 4,600원

※ **다음은 과학 전문 잡지에 기고된 손가락 로봇 H에 대한 글이다. 이어지는 질문에 답하시오. [13~16]**

> 인간의 손가락처럼 움직이는 H로봇이 개발되었다. 공압식 손가락 로봇인 H에는 정교한 촉각과 미끄러짐을 감지하는 감각 시스템이 내장돼 있어 물건을 적절한 압력으로 섬세하게 쥐는 인간의 능력을 모방할 수 있다. H로봇은 크기와 모양이 불규칙하거나 작고 연약한 물체를 다루는 데 어려움을 겪는 농업 및 물류 자동화 분야에서 가치를 발휘할 것으로 예상된다.
> 물류 자동화에 보편적으로 사용되는 관절 로봇은 복합적인 '움켜쥐기 알고리즘' 및 엔드 이펙터(손가락)의 정확한 배치와 물건을 쥐기 위한 고가의 센서 기기 및 시각 센서 등을 필요로 한다. 반면 공기압을 통해 제어되는 H의 손가락은 구부리거나 힘을 가할 수 있으며, 각 손가락의 촉각 센서에 따라 개별적으로 제어된다. 따라서 H로봇의 손가락은 ______________________________ 인간의 손이 물건을 쥘 때와 마찬가지로 우선 손가락이 물건에 닿을 때까지 다가가 위치를 파악하고, 해당 위치에 맞게 손가락을 조정하여 물건을 쥐는 것이다. 이때 물건이 떨어지면 이를 즉각적으로 인식할 수 있으며, 물건이 미끄러지는 것을 감지하면 스스로 손가락의 힘을 더 키울 수 있다. 여기서 한걸음 나아가 기존 로봇이 쥐거나 포장할 수 있었던 물건의 종류와 수도 확대되었다.
> 실리콘 재질로 만들어진 H로봇의 내부는 비어있으며, 새롭게 적용된 센서들이 손가락 모양의 실리콘 성형 과정에서 내장되고, 공기 실(Air Chamber)이 중심을 지나간다. H로봇의 유연한 손가락 표면은 식품을 만져도 안전하며, 쉽게 세척이 가능하다. 또한 손가락이 손상되거나 마모되더라도 저렴한 비용으로 교체할 수 있도록 개발되었다.
> 로봇 개발 업체 관계자는 "집품 및 포장 작업으로 인력에 크게 의존하는 물류산업은 항상 직원의 고용 및 부족 문제를 겪고 있다. 물류 체인의 집품 및 포장 자동화가 대규모 자동화보다 뒤떨어진 상황에서 H로봇의 감각 시스템은 물체 선별 작업이나 자동화 주문을 처음부터 끝까지 이행할 수 있도록 하는 물류 산업 분야의 혁명이 될 것이다."라고 말했다.

13 **다음 중 H로봇에 대한 설명으로 적절하지 않은 것은?**

① 내장된 감각 시스템을 통해 작고 연약한 물체도 섬세하게 쥔다.
② 손가락의 촉각 센서를 통해 물건의 위치를 정확히 파악한다.
③ 손가락의 센서들은 물건이 미끄러지는 것을 감지하여 손가락의 힘을 뺀다.
④ 손가락 표면의 교체 비용은 비교적 저렴한 편이다.
⑤ 세척이 용이하다.

14 **다음 중 빈칸에 들어갈 내용으로 가장 적절한 것은?**

① 고가의 센서 기기를 필요로 한다.
② 기존 관절 로봇보다 쉽게 구부러질 수 있다.
③ 밀리미터 단위의 정확한 위치 지정을 필요로 하지 않는다.
④ 가까운 곳에 위치한 물건을 멀리 있는 물건보다 더 쉽게 잡을 수 있다.
⑤ 무거운 물건도 간단하게 잡을 수 있다.

15 **L사는 신제품으로 총 4대의 가정용 AI 로봇을 선보였다. 각 로봇은 다음 〈조건〉과 같이 전시장에 일렬로 전시되어 있고 한국어, 중국어, 일본어, 영어 중 한 가지만을 사용할 수 있다. 이때 항상 옳은 것은?**

> 조건
> - 1번 로봇은 2번 로봇의 바로 옆에 위치해 있다.
> - 4번 로봇은 3번 로봇보다 오른쪽에 있지만, 바로 옆은 아니다.
> - 영어를 사용하는 로봇은 중국어를 사용하는 로봇의 바로 오른쪽에 있다.
> - 한국어를 사용하는 로봇은 중국어를 사용하는 로봇의 옆에 위치하지 않는다.
> - 일본어를 사용하는 로봇은 가장자리에 있다.
> - 3번 로봇은 일본어를 사용하지 않으며, 2번 로봇은 한국어를 사용하지 않는다.

① 1번 로봇은 영어를 사용한다.
② 3번 로봇이 가장 왼쪽에 위치해 있다.
③ 4번 로봇은 한국어를 사용한다.
④ 중국어를 사용하는 로봇은 일본어를 사용하는 로봇의 옆에 위치해 있다.
⑤ 2번 로봇은 중국어를 사용한다.

16 **L사 기술개발부서의 김대리는 세계로봇박람회에 참석하여 H로봇에 대한 브리핑을 듣고 있다. 브리핑은 여러 언어로 진행되었고 함께 듣고 있는 참석자 A～D 4명 또한 여러 가지 언어를 사용하고 있었다. 다음 내용을 바탕으로 참석자들이 사용 가능한 언어를 추론할 때, 서로 언어가 통하지 않는 사람끼리 바르게 짝지은 것은?**

> - A는 한국어와 영어만을 할 수 있다.
> - B는 영어와 독일어만을 할 수 있다.
> - C는 한국어와 프랑스어만을 할 수 있다.
> - D는 중국어와 프랑스어만을 할 수 있다.

① A, B　　② A, C
③ B, D　　④ C, D
⑤ 모두 통함

※ 다음은 비-REM수면과 REM수면에 대한 글이다. 이어지는 질문에 답하시오. [17~20]

수면은 피로가 누적된 심신을 회복하기 위해 주기적으로 잠을 자는 상태를 의미한다. 수면은 '비-REM수면'과 급속한 안구 운동을 동반하는 'REM(Rapid Eye Movement)수면'이 교대로 나타난다. 일반적으로 비-REM수면 이후 REM수면이 진행된다. 비-REM수면은 4단계로 진행되면서 깊은 잠에 빠져들게 되는 수면이다. 이러한 수면의 양상은 수면 단계에 따라 달리 측정되는 뇌파로 살펴볼 수 있다. (가)
먼저 막 잠이 들기 시작하는 1단계 수면 상태에서 뇌는 '세타파'를 내보낸다. 세타파란 옅은 잠을 자는 상태에서 나타나는 뇌파로, 이때는 언제든 깰 수 있을 정도의 수면 상태이다. 이 단계는 각성 상태에서 수면으로 넘어가는 과도기적 상태로 뇌파가 각성 상태보다 서서히 느려진다. (나)
2단계 수면에서는 세타파 사이사이에 '수면방추'와 'K-복합체'라는 독특한 뇌파의 모습이 보인다. 수면방추는 세타파 중간마다 마치 실이 감겨 있는 것처럼 촘촘한 파동의 모습인데, 분당 2～5번 정도 나타나며 수면을 유지시켜주는 역할을 한다. K-복합체는 2단계 수면에서 나타나는데, 세타파 사이사이에 아래위로 갑자기 삐죽하게 솟아오르는 모습을 보인다. 실험에 의하면 K-복합체는 수면 중 갑작스러운 소음이 날 때 활성화된다. (다)
깊은 수면의 단계로 진행되면 뇌파 가운데 가장 느리고 진폭이 큰 '델타파'가 나타난다. 3단계와 4단계는 '델타파'의 비중에 따라 구별된다. 보통 델타파의 비중이 20～50%일 때는 3단계로, 50%를 넘어서 더 깊은 수면에 빠지는 상태가 되면 4단계로 본다. 때문에 4단계 수면은 '서파수면(Slow-wave-sleep)'으로도 알려져 있다. (라)
서파수면은 대뇌의 대사율과 혈류량이 각성 수준의 75%까지 감소되는 깊은 잠의 상태이고, REM수면은 잠에 빠져 있음에도 정신 활동이 이루어지는 상태이다. 때문에 서파수면 상태에 있는 사람을 깨우면 정신을 못 차리고 비틀거리며 혼란스러워 하고, REM수면 상태의 사람을 깨우면 금세 각성 상태로 돌아온다. (마)
자극에 반응을 하지 않을 정도의 비-REM수면은 온전한 휴식을 통해 진정한 심신의 회복을 가져다준다. 자면서도 정신 활동이 이루어지는 REM수면은 인간의 뇌의 활동이나 학습에도 도움을 준다. 비-REM수면, REM수면 모두 문제가 생기면 인간의 활동은 영향을 받게 된다.

17 다음 중 윗글의 주된 내용 전개 방식으로 가장 적절한 것은?

① 현상의 과정을 단계별로 나누어 설명하고 있다.
② 현상에 대한 다양한 관점을 비교·분석하고 있다.
③ 현상에 대한 해결방안을 제시하고 있다.
④ 구체적인 사례를 통해 관련 현상을 설명하고 있다.
⑤ 새로운 시각으로 현상을 분석하는 이론을 소개하고 있다.

18 다음 중 윗글을 이해한 내용으로 적절하지 않은 것은?

① 세타파만 측정되는 수면 상태라면 작은 소음에도 쉽게 깰 수 있을 것이다.
② 세타파 사이사이에 아래위로 삐죽하게 솟아오르는 뇌파는 분당 5번 정도 나타난다.
③ 델타파의 속도는 세타파보다 느리지만, 진폭은 세타파보다 크다.
④ 서파수면 상태의 사람과 REM수면 상태의 사람이 동시에 잠에서 깨 일어난다면 REM수면 상태의 사람이 더 빨리 움직일 것이다.
⑤ 피로가 누적된 사람에게는 REM수면보다 비-REM수면이 필요하다.

19 윗글의 (가)～(마) 중 다음 〈보기〉의 문장이 들어갈 위치로 가장 적절한 곳은?

> **보기**
>
> 이를 통해 이것은 잠자는 사람이 깨는 것을 방지하는 역할을 하여 깊은 수면을 유도한다는 것을 알 수 있다.

① (가)
② (나)
③ (다)
④ (라)
⑤ (마)

20 윗글을 읽은 L사 직원 K대리가 수면에 대한 고민으로 다이어리에 몇 가지 메모를 남겼다. 다음 내용이 모두 참일 때, 추론한 내용으로 옳은 것은?

> • 늦잠을 자지 않으면 부지런하다.
> • 늦잠을 자면 건강하지 않다.
> • 비타민을 챙겨먹으면 건강하다.

① 비타민을 챙겨먹으면 부지런하다.
② 부지런하면 비타민을 챙겨먹는다.
③ 늦잠을 자면 비타민을 챙겨먹는다.
④ 늦잠을 자면 부지런하지 않다.
⑤ 부지런하면 건강하다.

※ 다음은 피보나치 수열에 대한 글이다. 이어지는 질문에 답하시오. [21~24]

피보나치 수열은 운명적으로 가장 아름답다는 황금비를 만들어낸다. 황금비는 피라미드, 파르테논 신전이나 다빈치, 미켈란젤로의 작품에서 시작해 오늘날에는 신용카드와 담뱃갑, 종이의 가로와 세로의 비율까지 광범위하게 쓰인다. 이러한 황금비는 태풍과 은하수의 형태, 초식동물의 뿔, 바다의 파도에도 있다. 배꼽을 기준으로 한 사람의 상체와 하체, 목을 기준으로 머리와 상체의 비율도 황금비이다. 이런 사례를 찾다 보면 우주가 피보나치 수열의 장난으로 만들어졌는지도 모른다는 생각까지 든다.

피보나치 수열은 12세기 말 이탈리아의 천재 수학자 레오나르도 피보나치가 제안했다. 한 쌍의 토끼가 계속 새끼를 낳을 경우 몇 마리로 불어나는가를 숫자로 나타낸 것이 이 수열인 것이다. 이 수열은 앞서 나오는 두 개의 숫자의 합이다. 1, 1, 1+1=2, 1+2=3, 2+3=5, 3+5=8, 5+8=13, 8+13=21, 13+21=34, 21+34=55, 34+55=89, … 이처럼 계속 규칙적인 수열을 만들어가는 것이다.

우리 주변의 꽃잎을 세어보면 거의 모든 꽃잎이 3장, 5장, 8장, 13장, …으로 되어 있다. 백합과 붓꽃은 꽃잎이 3장, 채송화・패랭이・동백・야생장미는 5장, 모란・코스모스는 8장, 금불초와 금잔화는 13장이다. 과꽃과 치커리는 21장, 질경이와 데이지는 34장, 쑥부쟁이는 종류에 따라 55장과 89장이다. 신기하게도 모두 피보나치 숫자인 것이다.

이와 같은 피보나치 수열은 해바라기나 데이지 꽃 머리의 씨앗 배치에도 존재한다. 해바라기 씨앗이 촘촘히 박혀 있는 꽃 머리를 유심히 보면 최소의 공간에 최대의 씨앗을 배치하기 위한 '최적의 수학적 해법'으로 꽃이 피보나치 수열을 선택한다는 것을 알 수 있다. 씨앗은 꽃 머리에서 왼쪽과 오른쪽 두 개의 방향으로 엇갈리게 나선 모양으로 자리 잡는다. 데이지 꽃 머리에는 서로 다른 34개와 55개의 나선이 있고, 해바라기 꽃 머리에는 55개와 89개의 나선이 있다.

피보나치 수열은 식물의 잎차례에도 잘 나타나 있다. 잎차례는 줄기에서 잎이 나와 배열하는 방식으로 t/n로 표시한다. t번 회전하는 동안 잎이 n개 나오는 비율이 참나무・벚꽃・사과는 $\frac{2}{5}$이고, 포플러・장미・배・버드나무는 $\frac{3}{8}$, 갯버들과 아몬드는 $\frac{5}{13}$이다. 모두 피보나치 숫자로 전체 식물의 90%가 피보나치 수열의 잎차례를 따르고 있다. 이처럼 잎차례가 피보나치 수열을 따르는 것은 잎이 바로 위의 잎에 가리지 않고, 햇빛을 최대한 받을 수 있는 최적의 수학적 해법을 선택하기 때문이다.

예전에는 식물의 DNA가 피보나치 수열을 만들어낸다고 생각했다. 그러나 요즘에는 식물이 새로 자라면서 환경에 적응해 최적의 성장 방법을 찾아가는 과정에서 자연스럽게 피보나치 수열이 형성된다고 생각하는 학자들이 많아졌다. 최근 들어 생물뿐만 아니라 전하를 입힌 기름방울을 순서대로 떨어뜨려도 해바라기 씨앗처럼 퍼진다는 사실이 ㉠ 밝혀졌다. 이처럼 피보나치 수열과 이 수열이 만들어내는 황금비는 생물은 물론 자연과 우주 어디에나 숨어 있다.

21 다음 중 윗글의 내용으로 적절하지 않은 것은?

① 꽃잎과 식물의 잎에서 피보나치 수열을 찾을 수 있으며, 이 수열은 피라미드, 신용카드 등에 나타나는 황금비를 만들어 낸다.

② 해바라기 꽃 머리를 보면 최소의 공간에 최대의 씨앗이 배치될 수 있도록 피보나치 수열을 선택했음을 알 수 있다.

③ 식물의 잎차례에도 피보나치 수열이 잘 나타나며, 모든 식물의 잎차례는 이 수열을 따르고 있다.

④ 식물의 잎차례는 햇빛을 최대한 받을 수 있도록 피보나치 수열을 따르고 있다.

⑤ 학자들은 식물이 환경에 적응하기 위해 최적의 성장 방법을 찾아가는 과정에서 이 수열이 형성된다고 생각한다.

22 **다음 중 윗글의 제목으로 가장 적절한 것은?**

① 일상 생활 속에서 광범위하게 사용되는 황금비
② 피보나치 수열의 정의와 형성 원리
③ 피보나치 수열에 대한 학자들의 기존 입장과 새롭게 밝혀진 원리
④ 식물에서 찾아볼 수 있는 피보나치 수열
⑤ 잎차례가 피보나치 수열을 따르는 이유

23 **다음 중 밑줄 친 부분이 윗글의 ㉠과 다른 의미로 사용된 것은?**

① 그동안 숨겨왔던 진실이 밝혀졌다.
② 철수는 돈과 지위를 밝히기로 유명하다.
③ 나의 결백함이 밝혀질 것으로 믿는다.
④ 오랜 연구의 결과로 옛 문헌의 가치가 밝혀졌다.
⑤ 경찰이 사고의 원인을 밝히고 있다.

24 **윗글에 제시된 규칙으로 수를 나열할 때, 다음 빈칸에 들어갈 수로 옳은 것은?**

1 2 3 5 8 ( )

① 12
② 13
③ 14
④ 15
⑤ 16

※ 다음은 보험료율과 정보의 비대칭성에 대한 글이다. 이어지는 질문에 답하시오. [25~28]

보험은 같은 위험을 보유한 다수인이 위험 공동체를 형성하여 보험료를 납부하고, 보험 사고가 발생하면 보험금을 지급받는 제도이다. 보험 상품을 구입한 사람은 장래의 우연한 사고로 인한 경제적 손실에 ㉠ 대비할 수 있다. 보험금 지급은 사고 발생이라는 우연적 조건에 따라 결정되는데, 이처럼 보험은 조건의 실현 여부에 따라 받을 수 있는 재화나 서비스가 달라지는 조건부 상품이다.
위험 공동체의 구성원이 납부하는 보험료와 지급받는 보험금은 그 위험 공동체의 사고 발생 확률을 근거로 산정된다. 특정 사고가 발생할 확률은 정확히 알 수 없지만 그동안 발생된 사고를 바탕으로 그 확률을 예측한다면, 관찰 대상이 많아짐에 따라 실제 사고 발생 확률에 ㉡ 근접하게 된다.
본래 보험 가입의 목적은 금전적 이득을 취하는 데 있는 것이 아니라 장래의 경제적 손실을 보상받는 데 있으므로 위험 공동체의 구성원은 자신이 속한 위험 공동체의 위험에 상응하는 보험료를 납부하는 것이 공정할 것이다. 따라서 공정한 보험에서는 구성원 각자가 납부하는 보험료와 그가 지급받을 보험금에 대한 기댓값이 일치해야 하며 구성원 전체의 보험료 총액과 보험금 총액이 일치해야 한다. 이때 보험금에 대한 기댓값은 사고가 발생할 확률에 사고 발생 시 수령할 보험금을 곱한 값이다.
보험금에 대한 보험료의 비율[(보험료)÷(보험금)]을 보험료율이라 하는데, 보험료율이 사고 발생 확률보다 높으면 구성원 전체의 보험료 총액이 보험금 총액보다 더 많고, 그 반대의 경우에는 구성원 전체의 보험료 총액이 보험금 총액보다 더 적다. 따라서 공정한 보험에서는 보험료율과 사고 발생 확률이 같아야 한다. 물론 현실에서 보험사는 영업 활동에 소요되는 비용 등을 보험료에 반영하기 때문에 공정한 보험이 적용되기 어렵지만 기본적으로 위와 같은 원리를 바탕으로 보험료와 보험금을 산정한다.
그런데 보험 가입자들이 자신이 가진 위험의 정도에 대해 진실한 정보를 알려 주지 않는 한, 보험사는 보험 가입자 개개인이 가진 위험의 정도를 정확히 파악하여 거기에 ㉢ 상응하는 보험료를 책정하기 어렵다. 이러한 이유로 사고 발생 확률이 비슷하다고 예상되는 사람들로 구성된 어떤 위험 공동체에 사고 발생 확률이 더 높은 사람들이 동일한 보험료를 납부하고 진입하게 되면, 그 위험 공동체의 사고 발생 빈도가 높아져 보험사가 지급하는 보험금의 총액이 증가한다. 보험사는 이를 ㉣ 보전하기 위해 구성원이 납부해야 할 보험료를 인상할 수밖에 없다. 결국 자신의 위험 정도에 상응하는 보험료보다 더 높은 보험료를 납부하는 사람이 생기게 되는 것이다.
이러한 문제는 정보의 비대칭성에서 비롯되는데, 보험 가입자의 위험 정도에 대한 정보는 보험 가입자가 보험사보다 더 많이 갖고 있기 때문이다. 이를 해결하기 위해 보험사는 보험 가입자의 감춰진 특성을 파악할 수 있는 수단이 필요하다. 우리 상법에 규정되어 있는 고지 의무는 이러한 수단이 법적으로 구현된 제도이다. 보험 계약은 보험 가입자의 청약과 보험사의 승낙으로 성립된다. 보험 가입자는 반드시 계약을 체결하기 전에 '중요한 사항'을 알려야 하고, 이를 사실과 다르게 진술해서는 안 된다. 여기서 '중요한 사항'은 보험사가 보험 가입자의 청약에 대한 승낙을 결정하거나 차등적인 보험료를 책정하는 근거가 된다. 따라서 고지 의무는 결과적으로 다수의 사람들이 자신의 위험 정도에 상응하는 보험료보다 더 높은 보험료를 납부해야 하거나, 이를 이유로 아예 보험에 가입할 동기를 상실하게 되는 것을 ㉤ 방지한다.

25 다음 중 윗글의 내용으로 적절하지 않은 것은?

① 보험은 조건부 상품으로 제공되는 재화나 서비스가 달라질 수 있다.
② 현실에서 공정한 보험이 적용되기 어려운 이유는 보험사의 영업 활동 비용 등이 보험료에 반영되기 때문이다.
③ 사고 발생 확률이 보험료율보다 높으면 구성원 전체의 보험료 총액이 보험금 총액보다 더 많게 된다.
④ 보험 가입자는 보험사보다 보험 가입자의 위험 정도에 대한 정보를 많이 가지고 있다.
⑤ 보험 가입자의 중요한 사항에 대한 고지 의무는 법으로 규정되어 있다.

26 다음 중 윗글의 ㉠ ~ ㉤을 대체할 수 있는 단어로 적절하지 않은 것은?

① ㉠ – 대처
② ㉡ – 인접
③ ㉢ – 상당
④ ㉣ – 보존
⑤ ㉤ – 예방

27 L보험사의 직원인 A와 B의 8월 실적 건수 합계는 27건이었다. 9월에 A와 B의 실적 건수가 8월 대비 각각 20% 증가, 25% 감소하였고 9월의 실적 건수 합 또한 27건일 때, A의 9월 실적 건수는?

① 11건
② 13건
③ 15건
④ 18건
⑤ 20건

28 L보험사에서 신입사원 공고문을 발표했다. 서류 지원자 중 필기시험에 응시할 수 있는 인원은 면접을 볼 수 있는 인원의 4.5배수이고, 필기시험 통과자는 최종 합격자 인원의 2배수가 면접을 볼 수 있다. 면접시험에서 신입사원 250명이 최종 합격자가 될 때 서류 지원자는 최소 몇 명인가?(단, 서류 지원자는 필기시험에 응시할 수 있는 인원 이상이다)

① 2,550명
② 2,250명
③ 2,050명
④ 1,850명
⑤ 1,650명

※ 다음은 발화의 적절성 조건에 대한 글이다. 이어지는 질문에 답하시오. [29~32]

(가) 딸의 생일 선물을 깜빡 잊은 아빠가 "ⓐ 내일 우리 집보다 더 큰 곰 인형 사 올게."라고 말했을 때, 아빠가 발화한 문장은 상황에 적절한 발화인가 아닌가?

(나) 발화의 적절성 판단은 상황에 의존하고 있다. 화행(話行) 이론은 요청, 명령, 질문, 약속, 충고 등의 발화가 상황에 적절한지를 판단하는 기준으로, 적절성 조건을 제공한다. 적절성 조건은 상황에 대한 배경적 정보와 관련되는 예비 조건, 그 행위에 대한 진실된 심리적 태도와 관련되는 진지성 조건, 그 행위가 본래의 취지대로 이행되도록 만드는 발화 효과와 관련되는 기본 조건으로 나뉜다. 어떤 발화가 적절한 것으로 판정되기 위해서는 이 세 가지 조건이 전부 충족되어야 한다.

(다) 적절성 조건을 요청의 경우에 적용해 보자. 청자가 그 행위를 할 능력이 있음을 화자가 믿는 것이 예비 조건, 청자가 그 행위를 하기를 화자가 원하는 것이 진지성 조건, 화자가 청자로 하여금 그 행위를 하게 하고자 하는 것이 기본 조건이다. "산타 할아버지를 만나게 해 주세요."라는 발화는, 산타클로스의 존재를 믿는 아들의 입장에서는 적절한 발화이지만 수행할 능력이 없는 부모의 입장에서는 예비 조건을 어긴 요청이 된다. "저 좀 미워해 주세요."라는 요청은, 화자가 진심으로 원하는 상황이라면 적절하지만 진심으로 원하지 않는 상황이라면 진지성 조건을 어긴 요청이 된다. "저 달 좀 따다 주세요."라는 요청은, 화자가 청자로 하여금 정말로 달을 따러 가게 하지 않을 것이므로 기본 조건을 어긴 요청이 된다.

(라) 둘 이상의 조건을 어긴 발화도 있다. 앞서 예로 들었던 "저 달 좀 따다 주세요."의 경우, 화자는 청자가 달을 따다 줄 능력이 없음을 알고 있고 달을 따다 주기를 진심으로 원하지도 않으며 또 달을 따러 가게 할 생각도 없는 것이 일반적인 상황이므로, 세 조건을 전부 어기고 있다. 그런데도 이 발화가 동서고금을 막론하고 빈번히 사용되고 또 용인되는 이유는 무엇일까? 화자는 이 발화가 세 조건을 전부 어기고 있음을 알고 있지만 오히려 이를 이용해서 모종의 목적을 이루고자 하고 청자 또한 그런 점을 이해하기 때문에, 이 발화는 적절하지는 않지만 유효한 의사소통의 방법으로 용인된다.

(마) 화행 이론은 적절성 조건을 이용하여 상황에 따라 달라지는 발화의 적절성에 대해 유용한 설명을 제공한다. 그러나 발화가 이루어지는 상황은 너무나 복잡다단하여 이것만으로 발화와 상황의 상호 관계를 다 설명할 수는 없다. 이러한 한계는 발화 상황과 연관 지어 언어를 이해하고 설명하려는 언어 이론의 공통적 한계이기도 하다.

29 다음 중 윗글을 읽고 추론한 내용으로 가장 적절한 것은?

① 적절성 조건을 어긴 문장은 문법적으로도 잘못이다.
② 예비 조건은 다른 적절성 조건들보다 우선 적용된다.
③ 적절성 조건이 가장 잘 적용되는 발화 행위는 요청이다.
④ 하나의 발화도 상황에 따라 적절성 여부가 달라질 수 있다.
⑤ 적절성 조건을 어긴 발화는 그렇지 않은 발화보다 의사소통에 효과적이다.

30 다음 중 윗글의 서술 방식에 대한 설명으로 적절하지 않은 것은?

① (가) : 친숙한 예를 들어 독자의 관심을 끌어내고 있다.
② (나) : 이론적 토대를 제시하여 논의의 바탕으로 삼고 있다.
③ (다) : 구체적 사례를 통해 주요 개념의 이해를 돕고 있다.
④ (라) : 다른 사례를 들어 앞 단락의 내용을 뒷받침하고 있다.
⑤ (마) : 사실에 대한 객관적인 접근을 통해 올바른 정보를 제공하고자 한다.

31 다음 〈보기 1〉은 윗글의 ⓐ의 예비 조건이다. ⓐ에 대해 〈보기 2〉와 같은 반응을 차례로 보였다고 할 때, 예비 조건에 대한 태도가 다른 사람은?

> **보기 1**
> - 집보다 큰 곰 인형을 사 오는 것을 딸이 좋아할 것이라고 아빠가 믿는다.
> - 집보다 큰 곰 인형을 사 올 수 있다고 아빠 스스로 믿는다.

> **보기 2**
> 딸(6세) : (샐쭉거리며) 세상에 그렇게 큰 곰 인형이 어딨어?
> 아들(4세) : (볼멘소리로) 아빠, 나도 사 줘.
> 엄마 : (딸의 손을 잡으며) 그럼 아빠한테 예쁜 구두 사 달라고 할까?
> 할머니 : (온화한 표정으로 손녀를 바라보며) 그래, 구두가 좋겠다.

① 딸
② 아들
③ 엄마
④ 할머니
⑤ 모두 같음

32 아버지는 사과의 의미로 딸의 생일 파티를 열 계획이다. 10,000원짜리 피자와 7,000원짜리 치킨, 5,000원짜리 햄버거 여러 개를 주문하고자 하며, 주문한 피자와 치킨, 햄버거의 총개수는 10개이다. 음식마다 적어도 1개 이상을 주문해야 하고 피자는 치킨 개수의 2배를 주문할 때, 총금액이 가장 큰 경우와 가장 작은 경우의 차액은?

① 6,000원
② 8,000원
③ 12,000원
④ 24,000원
⑤ 36,000원

※ 다음은 L유통 사보에 실린 드론 배송 시스템에 대한 글이다. 이어지는 질문에 답하시오. [33~36]

드론은 무선전파로 ㉠ 조종 / 조정할 수 있는 무인 항공기로, 처음에는 군사용으로 개발되었으나 최근에는 다양한 용도로 사용되고 있다. 이러한 드론을 활용하여 섬이나 산간 오지 지역 주민들에게 물품을 배달하는 '드론 배송'이 공공부문에서 시험 운영될 예정이다.
드론 배송 시스템은 드론이 최종적으로 물품을 배송하는 배달점, 반경 10km 이내의 배달점 10～20곳을 묶은 거점, 거점 3～5곳을 관리하는 기지의 '배달점 – 거점 – 기지' 단위로 구축된다. 이 드론 배송 시스템은 정부와 지방자치단체 등 공공기관에서 섬이나 산간 마을 등 택배 차량의 접근이 어려운 오지로 구호물품이나 공공서비스 관련 우편물을 배달하는 데 쓰일 예정이다.
행정안전부는 드론이 정확한 배달점으로 이동할 수 있도록 도로명주소체계를 제공하고, 우정사업본부는 우편배송서비스를 맡는다. 한국전자통신연구원은 드론 운영 기술을 지원하고, 한국국토정보공사는 드론 기지 운영에 필요한 전문 인력을 지원한다.
정부는 순차적으로 드론 배송 체계를 확대해 나갈 ㉡ 지침 / 방침이다. 현재 충남에는 20곳, 전남에는 2곳의 배달점이 있으며, 올해 안으로 각각 30곳씩 추가로 설치할 계획이다. 충남과 전남에서는 시험·시범 운영 단계를 거쳐 내년부터 본격적인 드론 배송 운영을 시작하는 것이 목표이며, 전주도 시험 운영에 들어갈 예정이다. 또한 내후년까지 전국에 드론 배송 기지 10곳을 설치하고, 활용도가 높아지면 민간기업도 드론 배송 체계를 활용할 수 있도록 개방할 계획이다.
드론 택배 시연은 충남 당진 전략문화홍보관의 임시 드론 기지를 출발한 드론이 직선거리로 4km 떨어진 지점까지 날아가 마을 이장들에게 구급상자 등 물품을 전달하는 방식으로 이루어졌다. 이 구간을 선박으로 배송하면 선착장에서 배달지까지 이동하는 시간을 포함해 2시간가량 ㉢ 소모 / 소요되지만, 이날 시연에서는 드론을 이용해 약 20분 만에 배송을 마쳤다.

33 다음 중 윗글을 읽고 잘못 이해한 사람은?

① A사원 : 처음 개발 목적과 다르게 드론의 사용 영역이 확대되고 있군.
② B사원 : 거점에서는 반경 10km 이내의 배달점 10～20곳을 묶어 관리하는구나.
③ C사원 : 추가로 설치될 배달점을 포함하면 올해 충남의 배달점은 총 30곳이나 돼.
④ D사원 : 드론 배송 시스템은 순차적으로 운영될 예정이라 하니 우리도 알아봐야겠어.
⑤ E사원 : 드론 배송 시스템을 통해 배송 시간의 단축을 기대할 수 있겠는걸.

34 다음 중 윗글의 ㉠～㉢에 들어갈 단어를 바르게 짝지은 것은?

	㉠	㉡	㉢
①	조정	지침	소요
②	조정	방침	소요
③	조종	방침	소요
④	조종	방침	소모
⑤	조종	지침	소모

35 **드론 배달 어플을 통해 꽃 배달 서비스를 이용할 수 있다. 다음 〈조건〉을 바탕으로 할 때 분홍색 장미꽃과 흰색 안개꽃을 받을 사람은?**

조건

- 장미꽃은 빨간색과 분홍색으로 고를 수 있다.
- 목화꽃과 안개꽃은 빨간색과 흰색으로 고를 수 있다.
- 지영이는 민지가 주문한 꽃을 그대로 주문하였고, 장미꽃만 색이 같다.
- 민지는 장미꽃과 안개꽃을 주문하였다.
- 진아는 빨간색 장미꽃을 주문하였다.
- 진아와 윤지는 안개꽃을 주문하였다.
- 민지와 진아가 주문한 꽃 색깔은 모두 다르다.
- 윤지는 목화꽃을 주문하였다.
- 윤지는 모두 흰색 꽃을 주문하였다.

① 지영　　② 민지
③ 진아　　④ 윤지
⑤ 없음

36 **드론이 목적지까지 갈 때의 속력은 80km/h, 돌아올 때의 속력은 120km/h이다. 1시간 이내로 출발지에서 목적지까지 왕복하려면 목적지는 출발지에서 최대 몇 km 떨어진 곳에 있어야 하는가?**

① 44km　　② 46km
③ 48km　　④ 50km
⑤ 52km

※ 다음은 내일배움카드에 대한 설명이다. 이어지는 질문에 답하시오. [37~40]

〈내일배움카드제(구직자)〉

개요	구직자(신규실업자, 전직실업자)에게 일정한 금액을 지원하고, 그 한도 내에서 직업능력개발 훈련에 참여할 수 있도록 하며, 훈련이력 등을 개인별로 통합 관리하는 제도
대상	• 구직신청을 한 만 15세 이상의 실업자 • 국민기초생활보장법 제7조에 따른 급여의 일부 또는 전부를 받은 사람(시장 · 군수 · 구청장이 통지한 취업대상자, 자활급여수급자) • 여성가장(배우자가 없는 사람, 미혼여성 중 부모가 없거나 부양능력이 없는 사람 등) • 사업기간이 1년 이상이면서 연 매출액이 15,000만 원 미만인 개인사업자 또는 특수형태근로종사자 • 비진학 예정의 고교 3학년 재학생(소속학교장의 인정 필요) • 다음 연도 9월 1일 이전 졸업이 가능한 대학(교) 재학생 • 일용근로자로서 최근 2개월 동안의 일용 근로내역일수가 1개월 간 10일 미만 • 농 · 어업인으로서 농 · 어업 이외의 다른 직업에 취업하려는 사람과 그 가족 • 1개월 간 소정근로시간이 60시간 미만(주 15시간 미만 포함)인 근로자로서 고용보험 피보험자가 아닌 사람 • 군 전역예정인 중 · 장기복무자 • 결혼이민자와 이주청소년, 난민인정자 등
제출서류	• [필수] 내일배움카드 발급 신청서 • [필수] 개인정보 수집 및 이용 동의서 • [선택] 훈련과정 탐색 결과표 • [선택] 재취업 활동내역서(취업목적용) • [선택] 자영업 활동내역서(창업목적용) • [선택] 신청자 의견서
발급신청 단계	구직신청, 동영상교육 이수 → 계좌발급 신청, 사전심의제, 훈련상담(고용센터) → 훈련과정 탐색, 일자리정보 수집 → 계좌발급 결정(고용센터), 내일배움카드 수령 → 훈련수강 신청(훈련기관) → 훈련비 · 훈련장려금 지원(고용센터)

[1차 기초상담]

- 거주지 관할 고용센터 방문하여 1차 기초상담 실시
- 1차 기초상담은 신청대상여부 확인, 훈련참여에 필요한 지참서류 및 요건 등을 확인
- 기초상담을 받지 않고 본인이 필요한 서류를 지참하여 2차 상담을 곧바로 할 수 있으나, 요건 미비로 재방문할 수 있으므로 고용센터를 우선 방문하여 기초상담을 받는 것이 바람직함

[2차 심층상담 시 필요한 지참서류 및 요건]

- 구직신청
  워크넷 개인회원 가입 후 이력서 작성 ▶ 구직신청 ▶ 구직인증(고용센터)
  직업심리검사(고용센터에서 요구한 경우) ▶ 결과출력
- 동영상 시청
  HRD-Net 개인회원 가입 후 '훈련안내 동영상' 시청 ▶ 시청확인증 출력
- 훈련과정 탐색
  HRD-Net 접속하여 내일배움카드제(실업자) 훈련과정을 검색 ▶ 훈련기관 방문상담(비용, 과정내용, 시설 등 확인) ▶ 훈련과정탐색결과표 작성(선택사항)
- 구비서류
  신분증, 개인정보 수집이용 동의서, 내일배움카드 발급신청서, 동영상 시청확인증(출력), 본인명의 통장(S은행, N은행, W은행, J은행, P은행 중 1개)

37 **다음 중 내일배움카드제에 대해 잘못 이해한 사람은?**

① A : 지원한도가 나와 있지 않아 최대 얼마까지 받을 수 있는지 확인할 수는 없군.
② B : 미성년자라도 내일배움카드제를 이용해서 지원받을 수 있어.
③ C : 내일배움카드를 발급받아도 배우고자 하는 곳의 신청은 고용센터에 먼저 등록해야 하는군.
④ D : 대학에 진학하지 않을 고등학생 모두가 지원할 수 있는 건 아니군.
⑤ E : 내가 사당에 살고 있고 남양주로 일자리를 구하려고 할 때, 1차 상담은 사당 고용센터에서 받아야 하겠군.

38 **실업자 김씨는 일자리를 알아보던 중 최근 정부의 일자리 지원사업으로 내일배움카드제(구직자)가 있다는 것을 알게 되었고, 그에 지원을 해보려고 한다. 김씨가 다음과 같이 지원한다고 할 때, 옳지 않은 것은?(단, 김씨는 취업을 목적으로 하고 있다)**

① 김씨는 1차 기초상담을 받지 않은 채로 바로 2차 상담신청을 진행하였다.
② 김씨는 반드시 HRD-Net에 회원가입이 되어 있어야 한다.
③ 2차 상담 전에 김씨가 받아할 강좌(온라인 강좌 포함)는 1개이다.
④ 만약, 2차 상담이 진행되는 동안 직업심리검사를 받아야 한다고 한다면, 김씨가 2차 상담 후 제출해야 할 필수서류는 모두 6개이다.
⑤ 상담이 모두 끝난 후에 김씨가 제출한 서류 개수는 최대 8개이다.

39 **김씨가 지원하고자 하는 L사의 작년 채용 인원수는 500명이었다. 올해 채용하고자 하는 남자 사원 수는 작년보다 10% 감소하고, 여자 사원수는 40% 증가하였다. 전체 채용 인원수는 작년보다 8%가 늘어났을 때, 작년 남자 사원의 채용 인원수는?**

① 280명
② 300명
③ 315명
④ 320명
⑤ 325명

40 **L사에 지원한 A ~ E 5명이 지원한 계열사는 가 ~ 마 5개 계열사 중 한 곳이며, 5개의 계열사는 서로 다른 곳에 위치하고 있다. 5명은 모두 필기시험에 합격해 면접을 보러 가는데, 다음 내용에 따라 지하철, 버스, 택시 중 한 가지를 타고 가려고 한다. 이때 옳지 않은 것은?(단, 한 가지 교통수단은 최대 2명까지 이용할 수 있으며, 1명도 이용하지 않은 교통수단은 없다)**

- 택시를 타면 가, 나, 마 계열사에 갈 수 있다.
- A는 다 계열사에 지원했다.
- E는 어떤 교통수단을 선택해도 지원한 계열사에 갈 수 있다.
- 지하철에는 D를 포함한 2명이 타며, 둘 중 1명은 라 계열사에 지원했다.
- B가 탈 수 있는 교통수단은 지하철뿐이다.
- 버스와 택시로 갈 수 있는 계열사는 가 계열사를 제외하면 서로 겹치지 않는다.

① B와 D는 함께 지하철을 이용한다.

② C는 택시를 이용한다.

③ A는 버스를 이용한다.

④ E는 라 계열사에 지원했다.

⑤ C는 나 또는 마 계열사에 지원했다.

2일 차
기출응용 모의고사

〈시험 개요 및 시간〉

롯데그룹 온라인 L-TAB	
개요	제한시간
• 실제 업무 상황처럼 구현된 아웃룩 메일함 / 자료실 환경에서 이메일 및 메신저 등으로 전달된 다수의 과제 수행 • 문항에 따라 객관식, 주관식, 자료 첨부 등 다양한 형태의 답변이 가능 • 문항 수 구분은 없으나 대략적으로 30 ~ 40문제 수준의 문항 수가 주어짐	3시간 (사전준비 1시간 포함)

롯데그룹 L-TAB 온라인 직무적합진단

2일 차 기출응용 모의고사

문항 수 : 40문항
시험시간 : 120분

※ 다음은 이사회 선거를 앞두고 L그룹의 사내 인트라넷에 게재된 글이다. 이어지는 질문에 답하시오. [1~4]

선거에서 유권자의 정치적 선택을 설명하는 이론은 사회심리학 이론과 합리적 선택 이론으로 대별된다. 초기 사회심리학 이론은 유권자 대부분이 일관된 이념 체계를 지니고 있지 않다고 보았다. 그럼에도 유권자들이 투표 선택에서 특정 정당에 대해 지속적인 지지를 보내는 현상은 그 정당에 대한 심리적 일체감 때문이라고 주장했다. 이에 반해 합리적 선택 이론은 유권자를 정당이 제시한 이념이 자신의 사회적 요구에 얼마나 부응하는지 그 효용을 계산하는 합리적인 존재로 보았다. 공간 이론은 이러한 합리적 선택 이론을 대표하는 이론으로, 근접 이론과 방향 이론으로 나뉜다.

초기의 근접 이론과 방향 이론은 유권자의 선택에 대해 다음과 같이 설명했다. 우선 이념 공간을 일차원 공간인 선으로 표시하고, 보수적 유권자 X, 진보 정당 A, 보수 정당 B의 이념적 위치를 그 선에 표시한다고 가정하자. 근접 이론은 X와 A, B 간의 이념 거리를 각각 '|X−A|'와 '|X−B|'로 계산한 다음, 만약 X와 A의 이념 거리가 X와 B의 경우보다 더 가깝다면 X는 A에 더 큰 효용을 느끼고 투표할 것이라고 본다. 이는 유권자 분포의 중간 지점인 중위 유권자의 위치가 양당의 선거 경쟁에서 득표 최대화 지점임을 의미한다. 방향 이론은 진보와 보수를 구분하는 이념 원점을 상정하고, 이를 기준으로 정당의 이념이 유권자의 이념과 같은 방향이되 이념 원점에서 더 먼 쪽에 위치할수록 그 정당에 대한 유권자의 효용이 증가하며, 반대로 정당의 이념이 유권자의 이념과 다른 방향일 경우에는 효용이 감소한다고 본다. 가령 이념 원점이 5라고 한다면, X의 A와 B에 대한 효용은 각각 '−|5−X|×|5−A|'와 '|5−X|×|5−B|'로 계산되는데, 이때 X는 이념 거리로는 비록 A에 가깝다고 할지라도 B에 투표하게 된다. 따라서 방향 이론에서 정당에 대한 유권자의 효용은 그 정당이 유권자와 같은 이념 방향의 극단에 있을 때 최대화된다.

두 이론은 이념에 기초한 효용 계산을 통해 초기 사회심리학 이론의 '어리석은 유권자' 가설을 비판했지만 한계도 있었다. 근접 이론은 미국의 정당들이 실제 중위 유권자의 지점에 위치하지 않고 있다는 비판에, 방향 이론은 유럽 국가들에서 이념적 극단에 있는 정당이 실제로 수권한 경우가 드물다는 비판에 각각 직면했다. 이에 근접 이론은 정당이 정당 일체감을 지닌 유권자(정당 일체자)들로부터 멀어질 경우 지지가 감소할 수 있다는 점을 고려해서 실제로는 중위로부터 다소 벗어난 지점에 위치하게 된다고 이론적 틀을 보완했다. 또한 방향 이론은 유권자들이 심리적으로 허용할 수 있는 이념 범위인 관용 경계라는 개념을 도입하여 정당이 관용 경계 밖에 위치하면 오히려 유권자의 효용이 감소한다는 점을 이론에 반영했다.

이러한 후기 공간 이론의 발전은 이념적 중위나 극단을 득표 최대화 지점으로 보았던 초기 공간 이론의 문제점을 극복하려 한 결과였다. 그러나 이는 정당 일체감이나 그 외의 심리학적 개념들을 그대로 수용한 결과이기도 했다. 그럼에도 공간 이론은 초기 사회심리학 이론에서 비관적으로 전망했던 '세련된 유권자' 가설을 무리 없이 입증해 왔다.

한편 공간 이론의 두 이론은 유권자의 효용 계산과 정당의 득표 최대화 예측에서 이론적 경쟁 관계를 계속 유지했을 뿐만 아니라 현실 설명력에서도 두드러진 차이를 보였다. 의회 선거를 예로 들면, 근접 이론은 미국처럼 양당제 아래 소선거구제로 치러지는 선거를 더 잘 설명해 왔다. 반면에 방향 이론은 유럽 국가들처럼 다당제 아래 비례대표제로 치러지는 선거를 더 잘 설명해 왔다. 한 연구는 영국처럼 다당제 아래 소선거구제로 치러지는 선거에서 유권자가 여당에 대해 기대하는 효용은 근접 이론이 더 잘 설명하고, 유권자가 야당에 대해 기대하는 효용은 방향 이론이 더 잘 설명한다고 밝혔다. 이는 정치 환경에 따라 정당들의 득표 최대화 전략이 다를 수 있음을 뜻한다.

01 **다음은 위 게시물에 L그룹 직원들이 익명으로 작성한 댓글이다. 댓글의 내용으로 가장 적절한 것은?**

① 초기 사회심리학 이론은 유권자의 투표 선택이 심리적 요인 때문에 일관성이 없다고 보았네요.
② 공간 이론은 유권자와 정당 간의 이념 거리를 통해 효용을 계산하여 유권자의 투표 선택을 설명했어요.
③ 후기 공간 이론의 등장으로 득표 최대화에 대한 초기의 근접 이론과 방향 이론 간의 이견이 해소되었네요.
④ 후기 공간 이론에서는 유권자의 투표 선택을 설명하는 데 있어서 이념의 비중이 커졌어요.
⑤ 후기 공간 이론은 정당 일체감을 합리적인 것으로 인정하여 세련된 유권자 가설을 입증해 왔군요.

02 **L그룹 이사회 선거를 위한 공개 토론장에서 남성 후보 4명과 여성 후보 3명을 원탁에 앉히고자 한다. 이때 여성 후보 3명이 이웃하여 앉을 확률은?**

① $\frac{1}{21}$
② $\frac{1}{7}$
③ $\frac{1}{5}$
④ $\frac{1}{15}$
⑤ $\frac{1}{23}$

03 **L그룹 직원 A～G 7명은 함께 이사회 선거 장소에 방문했다. 다음 〈조건〉에 따라 선거에 참여했을 때, 투표를 하지 않은 사람을 모두 고르면?**

조건

- D나 G 중 적어도 1명이 투표하지 않으면, F는 투표한다.
- F가 투표하면, E는 투표하지 않는다.
- B나 E 중 적어도 1명이 투표하지 않으면, A는 투표하지 않는다.
- A를 포함하여 투표한 사람은 모두 5명이다.

① B, E
② B, F
③ C, D
④ C, F
⑤ F, G

04 **L그룹 이사회 투표의 개표를 위해 각 팀에서 다양한 직책의 직원들이 차출되어 임의의 팀이 구성되었다. 팀원들의 나이에 대한 설명이 다음과 같을 때, 팀장의 나이는?**

- 팀장의 나이는 과장보다 4세 많다.
- 대리의 나이는 31세이다.
- 사원은 대리보다 6세 어리다.
- 과장과 팀장 나이의 합은 사원과 대리의 나이 합의 2배이다.

① 56세
② 57세
③ 58세
④ 59세
⑤ 60세

※ 다음은 한국관광상품 개발 및 상품의 질적 제고를 위한 인바운드 우수 신상품 기획 공모전에 대한 자료이다. 이어지는 질문에 답하시오. [5~8]

1. 인바운드 상품 개발 공모전 개최
   - 사업명 : 인바운드 우수 신상품 개발 공모
   - 주최 : 문화체육관광부, 한국관광공사
   - 후원 : 한국관광협회중앙회, 한국일반여행업협회
   - 응모부문
     - 여행사 : 한국 상품 취급 해외 여행사(현지 에이전트) 우수 신상품 기획 개발 공모
     - 일반인 : 국내외 일반인 상품 개발 아이디어 공모
   - 응모기간 : 2024.1.1 ~ 2024.3.31
   - 심사 및 시상 : 2024.4월 중 예정
   - 응모대상
     - 여행사 부문 : 해외 소재 한국관광상품 개발 및 판매 여행사
       → 1사 3개 이내 관광상품
     - 일반인 부문 : 한국관광에 관심 있는 내외국인
       → 1인 3개 이내 관광상품 아이디어
   - 응모방법 : 우편 또는 E-mail
     - 여행사 부문 : 관광공사 해외지사를 통해 접수
     - 일반인 부문 : 관광공사 해외지사 및 본사(상품개발팀)에 접수
   - 응모요령 : 관광소재 특성, 관광상품 매력, 주 타깃 지역 및 타깃층, 관광객 유치 가능성

2. 추진 목적 및 방향
   - 외국인 관광객의 다양한 관광 니즈에 맞는 인바운드 신상품을 공모·육성함으로써, 신규 수요창출과 외국인 관광객 유치 증대
   - 우수 관광소재의 관광상품화를 적극 지원하여 한국 상품 취급 해외 여행사(현지 에이전트)의 신상품 개발 활성화 지원 도모
   - 지속가능하며 한국관광에 기여할 수 있는 상품 개발
   - 국내외 일반인 대상 관광상품 소재 개발 아이디어 공모전 개최를 통해 한국관광에 대한 관심과 화제 도출

3. 평가 기준 및 심사 내용
   - 평가 기준 : 상품의 독창성, 상품 개발의 체계성, 가격의 적정성, 지역관광 활성화 가능성, 상품 실현성 및 지속가능성
   - 심사 관련 : 2회 심사
     - 1차 심사 : 2024.4월 중 (심사위원 : 관광공사)
     - 2차 심사 : 2024.4월 중 (심사위원 : 관광공사, 관광학계, 언론인, 협회 등 관련 단체)
   - 홍보 계획
     - 한국 관광상품 판매 대상 여행사 : 해외지사를 통한 홍보
     - 일반인 대상 홍보 웹사이트 홍보 : 문화부, 관광공사 홈페이지 활용
     - 기타 언론 및 인터넷 매체 홍보 추진

05 **다음 중 위 자료의 공모전에 대한 설명으로 가장 적절한 것은?**

① 한국관광협회중앙회, 한국일반여행업협회에서 주최하고 있다.

② 국내여행사도 참여가 가능하다.

③ 일반인은 한두 개의 관광상품 아이디어를 제출해도 된다.

④ 여행사 기획상품은 문화부, 관광공사 홈페이지를 통해 홍보된다.

⑤ 상품의 독창성, 상품 개발의 체계성 등이 평가 기준이 되며, 상품 가격은 평가와 관련이 없다.

06 **다음 중 공모전의 추진 목적에 따른 상품기획 소재로 적절하지 않은 것은?**

① 한류 드라마 및 영화 촬영장소

② DMZ 투어

③ 한스타일(한복, 한글, 한지 등) 연계 상품

④ 면세점 명품쇼핑 투어

⑤ 고궁 투어

07 공모전 수상자들을 대상, 최우수상, 우수상으로 분류하여 총 4,500만 원의 상금을 지급하려고 한다. 대상은 최우수상의 2배, 최우수상은 우수상의 $\frac{3}{2}$배의 상금을 지급한다. 대상은 5명, 최우수상은 10명, 우수상은 15명이라면, 대상 1명에게 지급될 금액은 얼마인가?

① 300만 원
② 400만 원
③ 450만 원
④ 500만 원
⑤ 550만 원

08 미국, 영국, 중국, 프랑스로 출장을 간 여행사 직원 A ~ D 4명은 1년에 한 번, 1명씩 새로운 국가로 파견된다. 다음 〈조건〉을 바탕으로 할 때, 반드시 참인 것은?

조건

- 두 번 연속 같은 국가에 파견될 수는 없다.
- A는 작년에 영국에 파견되어 있었다.
- C와 D는 이번에 프랑스에 파견되지는 않는다.
- D는 작년에 중국에 파견되어 있었다.
- C가 작년에 파견된 나라는 미국이다.
- B가 이번에 파견된 국가는 중국이다.

① A가 이번에 파견된 국가는 영국이다.
② C가 이번에 파견된 국가는 미국이다.
③ D가 이번에 파견된 국가는 프랑스이다.
④ B가 작년에 파견된 국가는 프랑스이다.
⑤ A는 영국, 또는 미국에 파견되었을 것이다.

※ 다음은 L사의 컴퓨터 점검 및 수리에 대한 자료이다. 이어지는 질문에 답하시오. **[9~12]**

• 수리 및 점검 비용

구분	1대당 점검 비용	1대당 수리 비용	1대당 점검 시간	1대당 수리 시간
가 업체	40,000원	90,000원	30분	40분
나 업체	60,000원	100,000원	20분	30분
다 업체	50,000원	80,000원	25분	45분

• L사의 월별 수리 및 점검 내역 및 비용

구분	업체명	컴퓨터 수	비용
1월	가 업체	15대	1,350,000원
2월	나 업체	10대	1,000,000원
3월	다 업체	25대	2,000,000원
4월	가 업체	5대	200,000원
5월	나 업체	30대	1,800,000원

09 L사는 1월부터 5월까지 달마다 가～다 업체 중 한 곳에 사내 컴퓨터 수리 및 점검을 맡겼다. 나중에 내역을 확인해 보니 점검과 수리 중 기재가 잘못된 것이 있었다. 다음 중 점검과 수리에 대해 잘못 기재된 내용은? (단, 모든 컴퓨터는 점검 또는 수리만 하였다)

① 1월 – 수리
② 2월 – 수리
③ 3월 – 점검
④ 4월 – 점검
⑤ 5월 – 점검

10 가 업체에서 일하는 A직원이 시간당 30,000원으로 급여 계약을 체결하였다. 1월부터 6월까지 A직원이 받은 금액은?

① 276,000원
② 284,000원
③ 335,000원
④ 375,000원
⑤ 420,000원

11 나 업체의 A사원은 이틀간 근무하고 하루 쉬기를 반복하고, 같은 업체에 다니는 B사원은 월 ~ 금요일 닷새간 근무하고 토 ~ 일요일 이틀간 쉬기를 반복한다. A사원이 7월에 근무한 날이 20일이라면, A사원과 B사원이 7월에 함께 근무한 일수는?(단, 7월 1일은 월요일이다)

① 15일
② 16일
③ 17일
④ 18일
⑤ 19일

12 L사에 근무하는 직원 4명은 함께 5인승 택시를 타고 다 업체로 가고 있다. 다음 〈조건〉을 바탕으로 할 때, 항상 참인 것은?

조건

- 직원은 각각 부장, 과장, 대리, 사원의 직급을 갖고 있다.
- 직원은 각각 흰색, 검은색, 노란색, 연두색 신발을 신었다.
- 직원은 각각 기획팀, 연구팀, 디자인팀, 홍보팀 소속이다.
- 대리와 사원은 나란히 붙어 앉지 않는다.
- 과장 옆에는 직원이 앉지 않는다.
- 부장은 홍보팀이고 검은색 신발을 신었다.
- 디자인팀 직원은 조수석에 앉았고 노란색 신발을 신었다.
- 사원은 기획팀 소속이다.

① 택시 운전기사 바로 뒤에는 사원이 앉는다.
② 부장은 조수석에 앉는다.
③ 과장은 노란색 신발을 신었다.
④ 부장 옆에는 과장이 앉는다.
⑤ 사원은 흰색 신발을 신었다.

※ 다음은 L사에 입사할 신입직원의 희망부서에 대한 자료이다. 이어지는 질문에 답하시오. [13~16]

〈희망부서 및 추천부서〉

구분	1지망	2지망	필기점수	면접점수	추천부서
A사원	개발부	사업부	70점	40점	홍보부
B사원	개발부	총무부	90점	80점	사업부
C사원	영업부	개발부	60점	70점	영업부
D사원	영업부	홍보부	100점	50점	개발부
E사원	홍보부	총무부	80점	90점	총무부
F사원	개발부	영업부	80점	100점	홍보부
G사원	영업부	사업부	50점	60점	사업부
H사원	총무부	사업부	60점	80점	영업부
I사원	홍보부	개발부	70점	70점	총무부
J사원	홍보부	영업부	90점	50점	총무부

※ 필기점수와 면접점수의 합이 높은 사람이 우선적으로 배정되며, 1지망, 2지망, 추천부서 순으로 진행됨
※ 동점자일 경우 면접점수가 높은 사원이 먼저 배정됨
※ 1지망을 우선 결정하고 남은 인원으로 2지망을 결정한 후, 남은 인원은 추천부서로 배정됨
※ 5개의 부서에 각각 2명씩 배정됨

13 다음 중 B사원이 배정되는 부서는?

① 개발부
② 홍보부
③ 영업부
④ 총무부
⑤ 사업부

14 다음 중 최종적으로 추천부서와 배정부서가 동일한 신입직원끼리 바르게 짝지어진 것은?

① A사원, D사원, I사원
② B사원, F사원, J사원
③ C사원, G사원, J사원
④ D사원, H사원, I사원
⑤ E사원, G사원, I사원

15 A ~ D사원 4명은 입사 후 한국사능력검정시험을 보았다. A, C, D사원의 점수는 각각 85점, 69점, 77점이고 4명의 평균점수는 80점이라고 했을 때, B사원의 점수는?

① 86점
② 87점
③ 88점
④ 89점
⑤ 90점

16 다음은 L사의 등급별 인원비율 및 성과 상여금에 대한 자료이다. 개발부의 인원은 15명이고, 영업부의 인원은 11명일 때, 상여금에 대한 설명으로 옳지 않은 것은?(단, 인원은 소수점 첫째 자리에서 반올림한다)

〈등급별 인원비율 및 성과 상여금〉

(단위 : %, 만 원)

구분	S등급	A등급	B등급	C등급
인원 비율	15	30	40	15
상여금	500	420	330	290

① 개발부의 S등급 상여금을 받는 인원과 영업부의 C등급 상여금을 받는 인원의 수가 같다.
② A등급의 1인당 상여금은 B등급의 1인당 상여금보다 약 27% 많다.
③ 영업부 A등급과 B등급의 인원은 개발부 인원보다 각각 2명씩 적다.
④ 개발부에 지급되는 총상여금은 5,660만 원이다.
⑤ 영업부에 지급되는 총상여금은 개발부의 총상여금보다 1,200만 원이 적다.

※ 다음은 국가기술자격통계연보에 대한 글이다. 이어지는 질문에 답하시오. [17~20]

국가기술자격증은 자격 취득을 위해 힘쓰는 과정에서 해당 분야가 요구하는 지식을 체득하도록 할 뿐만 아니라, 합격 후에는 진로의 ㉠ 나침판이 되어 취업준비의 좌표를 설정해 주기까지 한다. H공단은 이러한 국가기술자격시험의 역사와 현황을 빠짐없이 수록한 '국가기술자격통계연보'를 발간했다.
국가기술자격통계연보는 1975년부터 시행된 종목별 국가기술자격과 관련된 역대 통계 정보를 담고 있으며, 대한상공회의소, 한국인터넷진흥원, 광해관리공단 등 8개 기관에서 시행하는 527개 종목과 자격취득자 현황을 종합하여 체계적으로 분석한 결과를 제시한다. 또한 검정형과 과정평가형으로 나누어 각 평가유형에 따른 국가기술자격 취득자 현황은 물론 연령별 취득자 현황, 등급별 접수 상위종목 등 우리나라 국가기술자격의 변화를 ㉡ 일목요연하게 확인할 수 있다. 국가자격의 지난 역사와 현주소를 동시에 보여주고, 이를 바탕으로 장차 국가자격시험의 미래를 ㉢ 가름하게 해주는 것이다.
이번 통계연보에서 나타난 의미 있는 변화 가운데, 20××년을 제외하고는 국가기술자격 취득자 수가 매년 증가하고 있다는 점이 가장 먼저 눈에 들어온다. 20△△년 530,200명에서 20□□년 670,178명으로 5년 동안 26.4%가 늘어난 것으로 10대 24.5%, 20대 40.9%, 30대 15.1%, 40대 12.1%, 50대 6.3%, 60대 이상 1.2%로 모든 연령대에서 증가하는 경향을 보였다. 특히 고용시장에 처음 진입하는 10대와 20대 취득자의 비율이 높은 것을 보아 취업준비에 자격증이 중요하게 작용하고 있음을 유추할 수 있다. 50 ~ 60대의 자격증 취득률이 20●●년부터 10% 이상씩 증가하고 있다는 사실도 주목할 만하다. 55세 이상 취득자는 20△△년 13,026명에서 20□□년 25,489명으로 2배 가까이 늘어났다. 이는 은퇴 후 시니어들의 재취업이 활발하게 이루어지고 있는 사회 현상을 반영하는 것은 물론, 국가기술자격 취득이 인생 이모작의 ㉣ 스타트라인에 위치하고 있음을 증명해준다.
가장 많이 응시한 종목별 현황을 보면 기술사는 토목시공기술사, 기능장은 전기기능장, 기사・산업기사는 정보처리기사와 전기산업기사로 각각 나타났다. 전기, 토목・건축 종목의 경우 자격등급이 올라갈수록 접수 상위를 차지하고 있기도 하다. 이를 통해 이와 관련된 분야에 종사하는 근로자들이 능력 개발을 위해 지속적으로 노력하고 있다는 사실을 알 수 있다. 실제로 많은 기업들이 해당 직무 관련 자격증을 취득할 경우 인사고과에 반영하거나 성과급을 지급하는 등 자격 취득에 동기를 부여하고 있다.
통계연보가 일러주는 또 다른 시사점은 20●●년부터 새롭게 도입한 과정평가형 자격의 취득자 수가 대폭 증가했다는 사실이다. '과정평가형 자격(Course Based Qualification)'이란 국가직무능력표준(NCS)에 따라 편성・운영되는 지정 교육・훈련과정을 충실히 이수하고, 내부・외부평가를 통해 합격기준을 충족하여 취득하는 국가기술자격을 뜻한다. 기존의 검정형 자격시험과 달리 별다른 응시자격이 요구되지 않고, '무엇을 알고 있는가?'가 아닌 '무엇을 할 수 있는가?'에 ㉤ 초점을 두고 있다. 시행 첫해 7개 종목 51명에서 20□□년 19개 종목 671명으로 크게 늘어났다.

17 다음 중 윗글의 내용으로 적절하지 않은 것은?

① 국가기술자격통계연보는 8개 기관에서 시행하는 527개 종목과 자격취득자 현황을 종합하여 체계적으로 분석한 결과를 제시한다.

② 국가기술자격 취득자 수는 20△△년부터 20□□년 5년 동안 매년 증가하고 있으며, 모든 연령대에서 증가하는 경향을 보인다.

③ 은퇴 후 시니어들의 재취업이 활발하게 이루어짐에 따라 20□□년 55세 이상 취득자 수가 20△△년에 비해 2배 가까이 늘어났다.

④ 기업의 직무 관련 자격증 취득 시 지급되는 성과급 제도는 근로자들의 자격 취득에 동기를 부여한다.

⑤ 별다른 응시자격을 요구하지 않고, '무엇을 할 수 있는가?'를 평가하는 과정평가형 자격은 20●●년에 새롭게 도입되었다.

18 L사의 D주임은 시니어 사업 진출을 위해 시장조사 중이다. 팀원들의 의견 수렴을 위해 윗글을 수정하여 팀 메신저 방에 공유하고자 한다. 다음 중 ㉠~㉤의 수정 방안으로 적절하지 않은 것은?

① ㉠ : '나침판'은 표준어가 아니므로 '나침반'으로 수정한다.
② ㉡ : 비슷한 의미를 가진 '분명하게'로 바꾸어 쓸 수 있다.
③ ㉢ : 문맥상 적절한 단어인 '가늠하게'로 수정한다.
④ ㉣ : '출발선'으로 순화하여 불필요한 외래어 사용을 줄인다.
⑤ ㉤ : 한글맞춤법에 따라 '초점'으로 수정한다.

19 올해 시행한 어느 자격증 시험에서는 80점 이상을 얻어야 합격한다고 한다. 이 시험에 응시한 30명 중 합격자는 10명이고 합격한 사람의 평균 점수는 불합격한 사람의 평균 점수의 2배보다 33점이 낮다. 불합격한 사람의 평균 점수는 응시자 전체의 평균 점수보다 9점이 낮을 때, 응시자 전체의 평균 점수는?

① 60점
② 63점
③ 66점
④ 69점
⑤ 72점

20 철수, 수연, 영희, 윤수는 건축기사 자격증 시험에 응시했다. 다음 명제가 모두 참일 때, 4명의 시험 점수에 대하여 바르게 추론한 것은?

- 철수의 점수는 영희보다 낮고, 수연이보다 높다.
- 영희의 점수는 90점이고, 수연이의 점수는 85점이다.
- 수연이와 윤수의 점수는 같다.

① 철수의 점수는 윤수보다 낮다.
② 철수의 점수는 90점 이상이다.
③ 철수의 점수는 85점 이하이다.
④ 철수의 점수는 86점 이상 89점 이하이다.
⑤ 영희의 점수는 수연이보다 낮다.

※ L사의 민대리는 세미나 참석을 위해 동료 5명과 함께 경주로 출장을 가게 되었다. 이어지는 질문에 답하시오. [21~24]

〈출장 일정〉

출장지	일정	도착시각	출발시각
경주	9.10 ~ 9.12	10일 오전 10:20	12일 오전 11:15

※ 경주공항에 도착 후 수하물을 찾는 데 20분이 소요되며, 서울로 출발 시 수속을 위해 2시간 전에 도착해야 함

〈렌터카 회사별 요금표〉

(단위 : 원)

구분	종류	기본요금	추가요금		
			3시간 미만	3시간 이상 6시간 미만	6시간 이상 12시간 미만
A렌터카	휘발유	50,000	27,000	32,000	38,000
B렌터카	휘발유	55,000	30,000	35,000	40,000
C렌터카	LPG	60,000	29,000	35,000	41,000
D렌터카	전기	70,000	25,000	30,000	35,000
E렌터카	전기	66,000	25,000	30,000	36,000

※ 경주공항에서 A, B, D렌터카 회사까지의 이동 시간은 10분, C, E렌터카 회사까지는 20분임

※ 기본요금은 24시간 동안 적용되며, 그 이후에 추가요금이 부과됨

〈연료비〉

휘발유	LPG	전기
1,240원/L	800원/L	300원/kWh

21 민대리와 회사 동료들은 전기차 2대를 빌리기로 하였다. 다음 정보를 바탕으로 출장지에서 차를 렌트할 때, 가장 저렴한 비용은?(단, 비용은 대여비와 충전 연료비의 합이다)

〈정보〉

- 같은 렌터카 회사에서 2대를 렌트한다.
- 렌터카 회사에 도착시각을 기준으로 대여시간이 계산된다.
- 전기(연료) 충전시간은 약 40 ~ 50분으로 대여시간 1시간은 제외한다.
- 반납 시 20kWh를 충전하고 반납한다.
- 출장 이튿날 오후 7시에 반납한다.

① 208,000원　② 210,000원

③ 216,000원　④ 218,000원

⑤ 222,000원

22 민대리는 출장기간 동안 200km를 이동한다고 한다. 다음 연비를 바탕으로 할 때, 연료비가 가장 비싼 렌터카는?(단, 필요한 연료량은 소수점 첫째 자리에서 반올림한다)

〈렌터카 회사별 자동차 연비〉

구분	연비
A렌터카	13km/L
B렌터카	12km/L
C렌터카	10km/L
D렌터카	6.5km/kWh
E렌터카	6km/kWh

① A렌터카
② B렌터카
③ C렌터카
④ D렌터카
⑤ E렌터카

23 민대리와 함께 출장을 간 영업팀 A～E사원 5명은 L호텔에 투숙하게 되었다. L호텔은 5층 건물이며 A～E사원이 서로 다른 층에 묵는다고 할 때, 다음에 근거하여 바르게 추론한 것은?

- A사원은 2층에 묵는다.
- B사원은 A사원보다 높은 층에 묵지만, C사원보다는 낮은 층에 묵는다.
- D사원은 C사원 바로 아래층에 묵는다.

① E사원은 1층에 묵는다.
② B사원은 4층에 묵는다.
③ E사원은 가장 높은 층에 묵는다.
④ 가장 높은 층에 묵는 사람은 알 수 없다.
⑤ C사원은 D사원보다 높은 층에 묵지만, E사원보다는 낮은 층에 묵는다.

24 민대리가 출장으로 방문한 세미나에는 서울, 대전, 대구, 부산, 광주 5개 지역의 대표자가 참석한다. 5개 지역에서 각각 5명, 5명, 5명, 4명, 2명의 대표자가 방문하였고, 이들을 6석, 5석, 5석, 3석, 3석의 테이블 5개에 나누어 앉히려 한다. 같은 지역에서 온 대표자들을 각기 다른 테이블에 앉히려면 최대 몇 명의 대표자들을 앉힐 수 있는가?

① 17명
② 18명
③ 19명
④ 20명
⑤ 21명

※ 다음은 L사 입사시험 성적 결과표와 직원 배치 규정에 대한 자료이다. 이어지는 질문에 답하시오. [25~28]

〈입사시험 성적 결과표〉

(단위 : 점)

구분	A대학졸업유무	서류점수	필기시험 점수	면접시험 점수		영어시험 점수
				개인	그룹	
이선빈	유	84	86	35	34	78
유미란	유	78	88	32	38	80
김지은	유	72	92	31	40	77
최은빈	무	80	82	40	39	78
이유리	유	92	80	38	35	76

〈직원 배치 규정〉

- 위 응시자 중 규정에 따라 최종 3명을 채용한다.
- A대학졸업자 중 (서류점수)+(필기시험 점수)+(개인 면접시험 점수)의 합이 높은 2명을 B부서에 배치한다.
- B부서 배치 후 나머지 응시자 3명 중 그룹 면접시험 점수와 영어시험 점수의 합이 가장 높은 1명을 C부서에 배치한다.

25 다음 중 위 직원 배치 규정에 따라 응시자 최종 배치 후의 불합격자 2명이 바르게 짝지어진 것은?

① 이선빈, 김지은
② 이선빈, 최은빈
③ 김지은, 최은빈
④ 유미란, 이유리
⑤ 김지은, 이유리

26 직원 배치 규정을 다음과 같이 변경한다고 할 때, 불합격자 2명이 바르게 짝지어진 것은?

〈직원 배치 규정(변경 후)〉

- 응시자 중 다음 환산점수의 상위 3명을 채용한다.
- 서류점수(50%)+필기시험 점수+면접시험 점수(개인과 그룹 중 높은 점수)

① 이선빈, 유미란
② 이선빈, 최은빈
③ 이선빈, 이유리
④ 유미란, 최은빈
⑤ 최은빈, 이유리

27 B부서원 25명의 평균 나이가 38세이다. 다음 주에 52세의 팀원 1명이 퇴사하고 27세의 신입사원 1명이 입사할 예정일 때, 신입사원 입사 이후 B부서원 25명의 평균 나이는?(단, 주어진 조건 외에 다른 인사이동은 없다)

① 34세
② 35세
③ 36세
④ 37세
⑤ 38세

28 C부서의 민사원과 안사원이 각자 업무 자료를 만들고 있다. 민사원은 30장의 자료를 만드는 데 2시간, 안사원은 50장의 자료를 만드는 데 3시간이 걸린다. 둘이 함께 일을 하면 각자 평소보다 10% 느리게 자료를 만든다고 한다. 이때, 이들이 함께 업무 자료 120장을 만드는 데 걸리는 최소 시간은?

① $\frac{79}{18}$시간
② $\frac{80}{19}$시간
③ $\frac{81}{20}$시간
④ $\frac{82}{21}$시간
⑤ $\frac{83}{22}$시간

※ 다음은 패시브 하우스와 액티브 하우스에 대한 글이다. 이어지는 질문에 답하시오. [29~32]

〈패시브 하우스(Passive House)〉

수동적(Passive)인 집이라는 뜻으로, 능동적으로 에너지를 끌어 쓰는 액티브 하우스에 ㉠ 포함되는 개념이다. 액티브 하우스는 태양열 흡수 장치 등을 이용하여 외부로부터 에너지를 끌어 쓰는 데 비해 패시브 하우스는 집안의 열이 밖으로 새어나가지 않도록 최대한 ㉡ 차단함으로서 화석연료를 사용하지 않고도 실내온도를 따뜻하게 유지한다.
구체적으로는 냉방 및 난방을 위한 최대 부하가 $1m^2$당 10W 이하인 에너지 절약형 건축물을 가리킨다. 이를 석유로 환산하면 연간 냉방 및 난방 에너지 사용량이 $1m^2$당 1.5ℓ 이하에 해당하는데, 한국 주택의 평균 사용량은 16ℓ이므로 80% 이상의 에너지를 절약하는 셈이고 그만큼 탄소배출량을 줄일 수 있다는 의미이기도 하다.
기본적으로 남향(南向)으로 지어 남쪽에 크고 작은 창을 많이 내는데, 실내의 열을 보존하기 위하여 3중 유리창을 설치하고, 단열재도 일반 주택에서 사용하는 두께의 3배인 30cm 이상을 설치하는 등 첨단 단열공법으로 시공한다. 단열재는 난방 에너지 사용을 줄이는 것이 주목적이지만, 여름에는 외부의 열을 차단하는 구실도 한다.
또 폐열회수형 환기장치를 이용하여 신선한 바깥 공기를 내부 공기와 교차시켜 온도차를 ㉢ 최소화한 뒤 환기함으로써 열손실을 막는다. 이렇게 하여 난방시설을 사용하지 않고도 한겨울에 실내온도를 약 20°C로 유지하고, 한여름에 냉방시설을 사용하지 않고도 약 26°C를 유지할 수 있다. 건축비는 단열공사로 인하여 일반 주택보다 $1m^2$당 50만 원 정도 더 사용된다.

〈액티브 하우스(Active House)〉

태양에너지를 비롯한 각종 에너지를 차단하는 데 목적을 둔 패시브 하우스와 반대로 자연에너지를 적극적으로 활용한다. 주로 태양열을 적극적으로 활용하기 때문에 액티브 솔라하우스로 불리며, 지붕에 태양전지나 반사경을 설치하고 축열조를 설계하여 태양열과 지열을 ㉣ 배출한 후 난방이나 온수시스템에 활용한다. 에너지를 자급자족하는 형태이며 화석연료처럼 사용 후 환경오염을 일으키지 않아 패시브 하우스처럼 친환경적인 건축물로서 의의가 있다. 또한 최근에는 태양열뿐 아니라 풍력·바이오매스 등 신재생에너지를 활용한 액티브 하우스가 ㉤ 계발되고 있다.

29 다음 중 '패시브 하우스' 건축 형식에 대한 설명으로 적절하지 않은 것은?

① 폐열회수형 환기장치를 이용한다.
② 일반 주택에 사용하는 두께의 3배인 단열재를 설치한다.
③ 기본적으로 남향으로 짓는다.
④ 냉방 및 난방을 위한 최대 부하가 $1m^2$당 10W 이하인 에너지 절약형 건축물이다.
⑤ 실내의 열을 보존하는 것이 중요하므로 창문의 개수를 최소화한다.

30 L건설사의 K사원은 정보 공유를 위해 사내 게시판에 윗글을 수정하여 게시하고자 한다. 다음 중 밑줄 친 ㉠~㉤의 수정 방안으로 적절하지 않은 것은?

① ㉠ – '대응하는'으로 수정한다.
② ㉡ – '차단함으로써'로 수정한다.
③ ㉢ – '최대화한'으로 수정한다.
④ ㉣ – '저장한'으로 수정한다.
⑤ ㉤ – '개발되고'로 수정한다.

31 다음 중 윗글을 정리한 내용으로 적절하지 않은 것은?

패시브(Passive) 기술	액티브(Active) 기술
• 남향, 남동향 배치, 단열성능 강화 – 고성능 단열재 벽재, 지붕, 바닥 단열 – 블록형 단열재, 열반사 단열재, 진공 단열재, 흡음 단열재, 고무발포 단열재 등 – 고기밀성 단열창호 – 로이유리 – 단열현관문 – 열차단 필름 • 외부차양(처마, 전동블라인드) • LED · 고효율 조명 • 옥상녹화(단열+친환경) • 자연채광, 자연환기 • 패시브(Passive) 기술의 예 – 고성능 단열재, 고기밀성 단열창호, 열차단 필름, LED 조명	• 기존의 화석연료를 변환하여 이용하거나 햇빛, 물, 지열, 강수, 생물유기체 등을 포함하여 재생 가능한 에너지를 변환하여 이용하는 에너지 – 재생에너지 : 태양광, 태양열, 바이오, 풍력, 수력, 해양, 폐기물, 지열 – 신에너지 : 연료전지, 석탄액화가스화 및 중질잔사유가스화, 수소에너지 • 2030년까지 총에너지의 11%를 신재생에너지로 보급 • 액티브(Active) 기술의 예 – 태양광 발전, 태양열 급탕, 지열 냉난방, 수소연료전지, 풍력발전시스템, 목재 팰릿보일러

① 패시브 기술을 사용할 때 남향, 남동향으로 배치하는 것은 일조량 때문이다.

② 패시브 기술의 핵심은 단열이다.

③ 태양열 급탕은 액티브 기술의 대표적인 예시 중 하나이다.

④ 액티브 기술은 화석연료를 제외하고 재생 가능한 에너지를 변환하여 이용한다.

⑤ 액티브 기술은 2030년까지 총에너지의 11%를 신재생에너지로 보급하는 것이 목표이다.

32 L건설사는 패시브 하우스 건축 자재인 A, B부품을 생산하고 있다. 각 부품에 대한 불량률이 다음과 같을 때, 한 달간 생산되는 A, B부품의 불량품 개수 차이는?

〈부품별 한 달 생산 개수 및 불량률〉

(단위 : 개, %)

구분	A부품	B부품
생산 개수	3,000	4,100
불량률	25	15

① 120개

② 125개

③ 130개

④ 135개

⑤ 140개

※ 다음은 전통 건축 방식에 대한 글이다. 이어지는 질문에 답하시오. [33~36]

(가) 경주 일대는 지반이 불안정한 양산단층에 속하는 지역으로, 언제라도 지진이 일어날 수 있는 활성단층이다. 따라서 옛날에도 큰 지진이 일어났다는 기록이 있다. 삼국사기에 의하면 통일신라 때 지진으로 인해 100여 명의 사망자가 발생했으며, 전문가들은 그 지진이 진도 8.0 이상의 강진이었던 것으로 추정한다. 이후로도 여러 차례의 강진이 경주를 덮쳤다. 그럼에도 불구하고 김대성이 창건한 불국사와 석굴암 그리고 첨성대 등은 그 모습을 오늘날까지 보존하고 있다. 과연 이 건축물들에 적용된 내진설계의 비밀은 무엇일까. 그 비밀은 바로 그랭이법과 동틀돌이라는 전통 건축 방식에 숨어 있다.

(나) 그리고 주춧돌의 모양대로 그랭이칼을 빙글 돌리면 기둥의 밑면에 자연석의 울퉁불퉁한 요철이 그대로 그려진다. 그 후로 도구를 이용해 기둥에 그어진 선의 모양대로 다듬어서 자연석 위에 세우면 자연석과 기둥의 요철 부분이 마치 톱니바퀴처럼 정확히 맞물리게 된다. 여기에 석재가 흔들리지 않도록 못처럼 규칙적으로 설치하는 돌인 동틀돌을 추가해 건물을 더욱 안전하게 지지하도록 만들었다. 다시 말하면, 그랭이법은 기둥에 홈을 내고 주춧돌에 단단히 박아서 고정하는 서양의 건축 양식과 달리 자연석 위에 기둥이 자연스럽게 올려져 있는 형태인 셈이다. 불국사에서는 백운교 좌우의 큰 바위로 쌓은 부분에서 그랭이법을 확인할 수 있다. 천연 바위를 그대로 둔 채 장대석과 접합시켜 수평을 이루도록 한 것이다.

(다) ㉠ <u>그랭이법</u>이란 자연석을 그대로 활용해 땅의 흔들림을 흡수하는 놀라운 기술이다. 즉 기둥이나 석축 아래에 울퉁불퉁한 자연석을 먼저 쌓은 다음, 그 위에 올리는 기둥이나 돌의 아랫부분을 자연석 윗면의 굴곡과 같은 모양으로 맞추어 마치 톱니바퀴처럼 맞물리게 하는 기법이다. 이 같은 작업을 ㉡ <u>그랭이질</u>이라고도 하는데, 그랭이질을 하기 위해서는 오늘날의 컴퍼스처럼 생긴 그랭이칼이 필요하다. 주로 대나무를 사용해 만든 그랭이칼은 끝의 두 가닥을 벌릴 수 있는데, 주춧돌 역할을 하는 자연석에 한쪽을 밀착시킨 후 두 가닥 중 다른 쪽에 먹물을 묻혀 기둥이나 석축 부분에 닿도록 한다.

(라) 2016년 9월 12일 경주를 강타한 지진은 1978년 기상청이 계기로 관측을 시작한 이후 한반도 역대 최대 규모인 5.8이었다. 당시 전국 대부분의 지역뿐만 아니라 일본, 중국 등에서도 진동을 감지할 정도였다. 이로 인해 경주 및 그 일대 지역의 건물들은 벽이 갈라지고 유리가 깨지는 등의 피해를 입었다. 하지만 이 지역에 집중돼 있는 신라시대의 문화재들은 극히 일부만 훼손됐다. 첨성대의 경우 윗부분이 수 cm 이동했고, 불국사 다보탑은 일제가 시멘트로 보수한 부분이 떨어졌으며 나머지 피해도 주로 지붕 및 담장의 기와 탈락, 벽체 균열 등에 불과했다.

33 다음 중 윗글의 문단을 논리적 순서대로 바르게 나열한 것은?

① (가) – (나) – (다) – (라)
② (가) – (다) – (나) – (라)
③ (라) – (가) – (다) – (나)
④ (라) – (나) – (가) – (다)
⑤ (라) – (다) – (가) – (나)

34 다음 중 윗글이 어떤 질문에 대한 답이라면 그 질문으로 가장 적절한 것은?

① 경주에 지진이 발생하는 원인은 무엇일까?
② 경주 문화재는 왜 지진에 강할까?
③ 우리나라 전통 건축 기법은 무엇일까?
④ 지진과 내진설계의 관계는?
⑤ 현재와 과거에 발생한 경주 지진 발생의 차이점은?

35 다음 중 윗글의 ㉠과 ㉡의 관계와 유사한 것은?

① 이공보공(以空補空) – 바늘 끝에 알을 올려놓지 못한다.
② 수즉다욕(壽則多辱) – 보기 싫은 반찬이 끼마다 오른다.
③ 함포고복(含哺鼓腹) – 한 가랑이에 두 다리 넣는다.
④ 망양보뢰(亡羊補牢) – 소 잃고 외양간 고친다.
⑤ 가인박명(佳人薄命) – 날 받아 놓은 색시 같다.

36 L건설사는 백화점을 확장하기 위해 그랭이법을 활용하여 공사하고 있다. 공사를 완료한 기둥의 개수가 다음과 같은 규칙을 보일 때, 9일 후 작업이 끝난 기둥의 개수는?

〈공사를 완료한 기둥의 개수〉

(단위 : 개)

기간	1일 후	2일 후	3일 후	4일 후	5일 후
기둥 개수	4	7	10	13	16

※ 전일까지 작업 완료한 기둥을 포함한 개수임

① 24개　② 26개
③ 28개　④ 30개
⑤ 32개

※ 다음은 L사 사보에 게재된 내용의 일부이다. 이어지는 질문에 답하시오. [37~40]

광고 권하는 사회
우리가 사는 세상은 거대한 광고판

광고는 세상에 널리 알림 또는 그런 일을 뜻한다. 상품이나 서비스 정보를 소비자에게 널리 알리는 의도적인 활동이다. 미국마케팅협회는 1963년 '광고란 누구인지를 확인할 수 있는 광고주가 하는 일체의 유료 형태에 의한 아이디어, 상품 또는 서비스의 비대개인적(非對個人的) 정보 제공 또는 판촉 활동이다.'라고 정의한 바 있다.

(가) 정의한 바와 같이 광고는 비용을 내고 알리는 행위이다. 광고주가 비용을 지급하므로 효과를 얻으려고 하는 것은 당연하다. 이때 정직하게 알리는 경우도 있지만 허위 과장 요소도 스며든다. 상품을 잘 팔기 위해 상품의 기능을 부풀리기도 하는데, 이런 것이 과장 광고이다. 사실에 해당하지 않는 자료나 정보를 사용하는 광고는 허위 광고이다. 이처럼 광고는 허위·과장 가능성이 있어 소비자는 광고 보는 눈을 키워야 한다. 허위·과장 광고에 속으면 ㉠ 피해가 발생한다.

(나) 시민의 발로 불리는 지하철의 광고 또한 많은 것을 ㉡ 엄폐한다. 초창기에는 지하철 전동차 내부에 인쇄물 광고가 슬금슬금 붙더니 차차 차량 외벽은 물론 출입문 유리에도 광고로 도배되기 시작했다. 지하철 승강장 게이트 회전 바에도 광고가 빙글빙글 돌아간다. 전동차 내부의 광고 종류도 다양하다. 인쇄물 광고는 물론이고 전동차 안팎의 안내 모니터에도 광고가 쉴 새 없이 상영돼 지하철은 거대한 광고판으로 바뀐 지 오래이다. 눈을 돌리면 광고 ㉢ 천치인, 우리가 사는 이 세상은 이미 거대한 광고판이다.

(다) 예전에는 프로그램과 광고가 ㉣ 통합돼 프로그램 시작 전이나 끝난 뒤에 광고가 나왔다. 요즘 인기 TV 프로그램의 상당수는 '이 프로그램은 간접 광고 및 가상 광고를 포함하고 있습니다.'라는 안내 문구가 따라 붙는다. PPL 광고(Product Placement, 특정 기업의 협찬을 대가로 영화나 드라마에서 해당 기업의 상품이나 브랜드 이미지를 끼워 넣는 광고기법)의 등장으로 프로그램인지 광고인지 분간하지 못할 정도이다. 광고가 프로그램을 좌지우지할 정도로 영향력이 큰 경우도 있다.

(라) 즉, 현대 자본주의 시대에는 광고가 세상을 ㉤ 좇는다. 소비자는 광고 보는 눈을 높여야 광고에 유혹되지 않는다. 수억 원대는 보통인 모델의 몸값은 결국 소비자가 낸다. 모델의 몸값은 그 제품을 사는 소비자가 십시일반(十匙一飯)으로 내는 것이다. 광고는 광고일 뿐, 광고가 품질을 보장하는 것은 아니다. 광고에 돈을 쏟아 붓는 기업보다는 제품의 본질에 투자하는 기업을 선택하는 것이 소비자의 권리이자 책임 중 하나일 것이다.

37 다음 중 제시된 문단을 논리적 순서대로 바르게 나열한 것은?

① (가) – (나) – (다) – (라)
② (가) – (다) – (나) – (라)
③ (가) – (다) – (라) – (나)
④ (나) – (가) – (다) – (라)
⑤ (다) – (가) – (나) – (라)

38 **다음 중 허위·과장 광고의 사례로 적절하지 않은 것은?**

① 홍보하는 용량과 달리 실제 내용물은 홍보 용량보다 더 적었던 음료판매점
② 그래픽만으로 사진 성형을 하여 홍보물을 제작한 성형외과
③ 협회가 인증한 범위보다 더 넓은 범위에 인증 표시를 사용한 의료기기 제작사
④ 중학생 때 학원을 다니다가 그만둔 학생이 들어간 대학교를 현수막에 걸어놓은 학원
⑤ 해당 연예인이 사용한 제품이 아니지만 연예인을 모델로 해 홍보한 다이어트 보조제 회사

39 **L사 마케팅팀에 근무 중인 K사원은 팀 회의에 윗글을 수정하여 활용하고자 한다. 다음 중 ㉠~㉤의 수정 방안으로 적절하지 않은 것은?**

① ㉠ – '가해가'로 수정한다.
② ㉡ – '시사한다'로 수정한다.
③ ㉢ – '천지인'으로 수정한다.
④ ㉣ – '분리돼'로 수정한다.
⑤ ㉤ – '지배한다'로 수정한다.

40 다음은 2016 ~ 2024년 매체별 광고비 현황에 대한 그래프이다. 이를 변형한 그래프로 옳은 것은?(단, 단위는 백만 원이다)

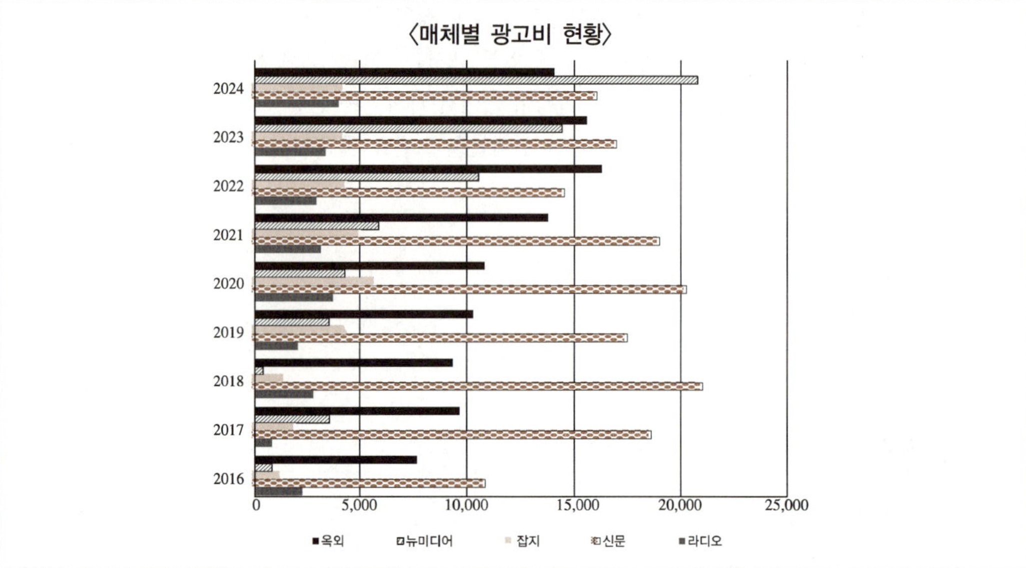

①

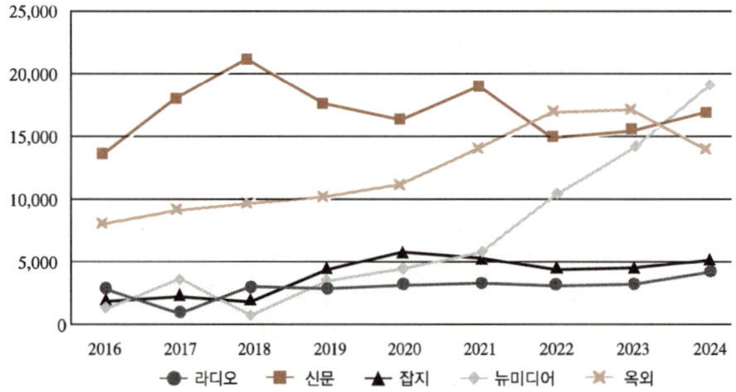

②

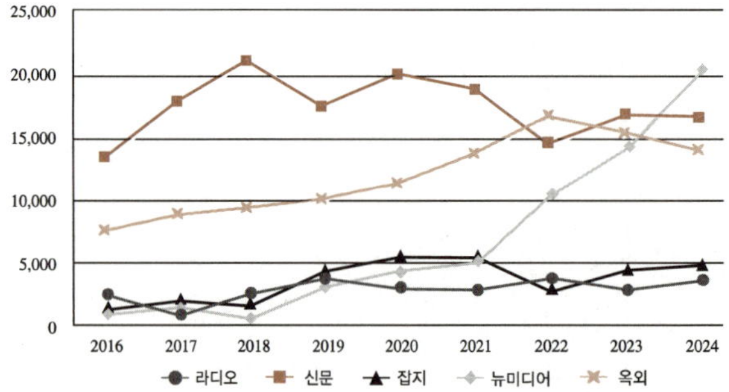

③

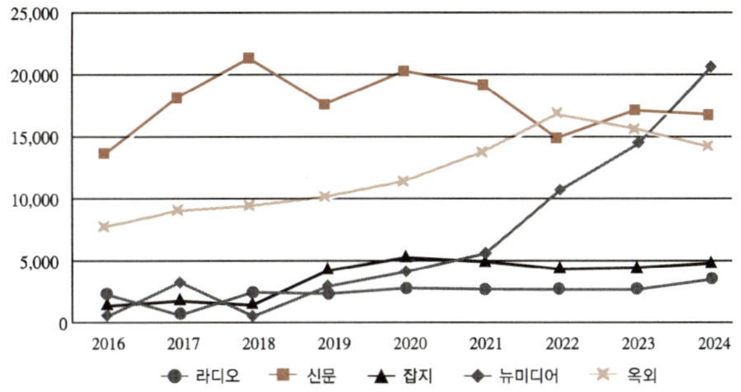
25,000
20,000
15,000
10,000
5,000
0
2016 2017 2018 2019 2020 2021 2022 2023 2024
라디오 신문 잡지 뉴미디어 옥외

④

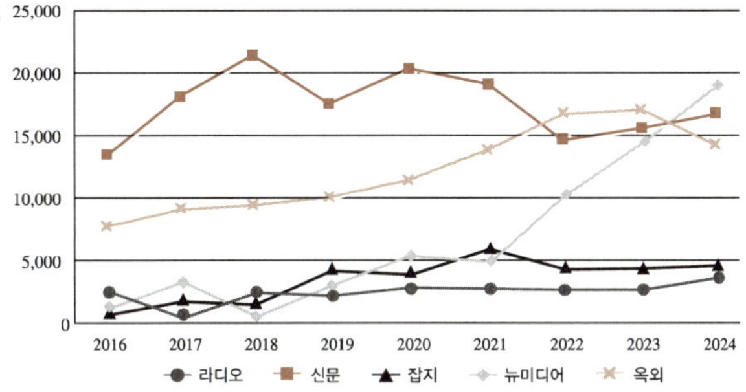
25,000
20,000
15,000
10,000
5,000
0
2016 2017 2018 2019 2020 2021 2022 2023 2024
라디오 신문 잡지 뉴미디어 옥외

⑤

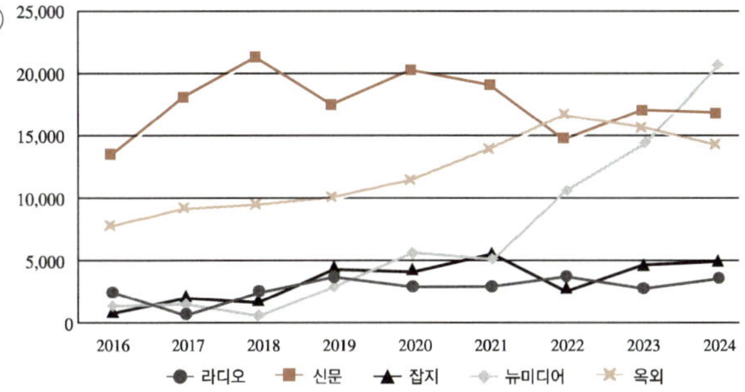
25,000
20,000
15,000
10,000
5,000
0
2016 2017 2018 2019 2020 2021 2022 2023 2024
라디오 신문 잡지 뉴미디어 옥외

시대에듀

M E M O

3일 차
기출응용 모의고사

〈시험 개요 및 시간〉

롯데그룹 온라인 L-TAB	
개요	제한시간
• 실제 업무 상황처럼 구현된 아웃룩 메일함 / 자료실 환경에서 이메일 및 메신저 등으로 전달된 다수의 과제 수행 • 문항에 따라 객관식, 주관식, 자료 첨부 등 다양한 형태의 답변이 가능 • 문항 수 구분은 없으나 대략적으로 30 ~ 40문제 수준의 문항 수가 주어짐	3시간 (사전준비 1시간 포함)

롯데그룹 L-TAB 온라인 직무적합진단

3일 차 기출응용 모의고사

문항 수 : 40문항
시험시간 : 120분

※ L아트센터에 근무하는 A사원은 공연장 전시대관 업무를 맡고 있다. 다음은 L아트센터의 대관 관련 자료이다. 이어지는 질문에 답하시오. **[1~4]**

〈공연장 기본 대관료〉

(단위 : 원)

구분		시간	클래식·국악	연극·무용	뮤지컬·오페라	대중음악
공연 대관료	오전	09:00 ~ 12:00	650,000	850,000	1,100,000	1,700,000
	오후	14:00 ~ 17:00	650,000	850,000	1,100,000	1,700,000
	저녁	19:00 ~ 22:00	750,000	850,000	1,100,000	1,700,000
리허설 대관료	오전	09:00 ~ 12:00	450,000	550,000	650,000	1,000,000
	오후	14:00 ~ 17:00	450,000	550,000	650,000	1,000,000
	저녁	19:00 ~ 22:00	650,000	750,000	950,000	1,400,000
	야간	22:00 ~ 01:00	850,000	1,050,000	1,300,000	1,900,000
준비 / 철수 대관료	오전	09:00 ~ 12:00	300,000	450,000	650,000	900,000
	오후	14:00 ~ 17:00	350,000	500,000	650,000	900,000
	저녁	19:00 ~ 22:00	500,000	650,000	950,000	1,300,000
	야간	22:00 ~ 01:00	650,000	900,000	1,250,000	1,800,000

※ 대관료는 1회를 기준으로 함

※ VAT는 별도로 총금액의 10%로 계산함

〈성수기·주말 대관료 할증〉

장기공연(8회 이상)	단기공연(8회 미만)
7월 ~ 8월, 12월 ~ 1월 성수기 대관료 50% 할증	금 ~ 일요일 주말 대관료 50% 할증

※ 성수기·주말 대관료 할증은 중복으로 적용하지 않음

※ L아트센터 대관 계약금

- 정기대관 : 총대관료의 30%
- 수시대관 : 총대관료의 50%

제목 : L아트센터 공연장 정기대관료 문의의 건
발신인 : J팀장(jjj@artsupport.co.kr)
수신인 : L아트센터 전시대관 담당자

안녕하세요. ○○예술경영지원팀의 J팀장입니다.
L아트센터 공연장 정기대관료에 관해 문의드립니다.
문의내용은 아래와 같습니다.

- 공연내용 : 셰익스피어 『햄릿』(Classic Play)
- 공연일시 : 2025년 12월 22 ~ 31일
- 공연횟수 : 10회
- 공연시간 : 19:00 ~ 22:00

※ 공연마다 리허설 실시(14:00 ~ 17:00)
※ 준비 / 철수 대관료는 첫 공연 이후 결정(추후 협의)

견적서를 전달해 주시면 총무팀에 연락해 대관 계약을 체결하도록 하겠습니다.
감사합니다.

○○예술경영지원팀 J배상
2025년 11월 06일

01 A사원은 위 메일에 회신하기 위해 다음과 같이 견적서를 작성하였다. 밑줄 친 단어 중 표기가 옳은 것은?

〈정기대관료 견적서〉

…

1. 견적 확인 및 계약방식
   가. 본 메일을 통해 일정과 규모에 ㉠ 다른 견적을 확인할 수 있습니다.
   나. L사의 자체 프로그램을 이용하여 소액 ㉡ 수위계약 및 전자계약 방식으로 진행합니다.
   다. 전자계약은 반드시 안전 계약서비스를 이용하여 계약서를 제출하여야 합니다(자세한 사항은 L사 홈페이지 내 안전 계약서비스 ㉢ 우의사항 안내 참고).

…

2. 계약일시
   가. 2025년 11월 26일 (수) 11:00 계약 진행
   나. 전산 장애 발생 시 계약 시각이 ㉣ 다수 늦어지거나 ㉤ 연기될 수 있습니다.

① ㉠
② ㉡
③ ㉢
④ ㉣
⑤ ㉤

02 A사원은 견적서에 계약금을 기재하여 J팀장에게 메일을 전송했다. 이때 청구된 계약금은?

① 5,940,000원
② 6,300,000원
③ 6,930,000원
④ 7,875,000원
⑤ 12,150,000원

03 L사 직원 A～G 7명은 연극 『햄릿』을 관람하기 위해 공연장에 방문했다. 다음 〈조건〉에 따라 자리에 앉을 때, 항상 참인 것은?(단, 가장 왼쪽부터 첫 번째 자리로 한다)

조건

- 7명은 한 열에 나란히 앉는다.
- 한 열에는 7개의 좌석이 있다.
- 양 끝자리 옆에는 비상구가 있다.
- D와 F는 나란히 앉는다.
- A와 B 사이에는 1명이 앉아 있다.
- G는 왼쪽에 사람이 있는 것을 싫어한다.
- C와 G 사이에는 1명이 앉아 있다.
- G는 비상구와 붙어 있는 자리를 좋아한다.

① E는 D와 F 사이에 앉는다.
② G와 가장 멀리 떨어진 자리에 앉는 사람은 D이다.
③ C의 양옆에는 A와 B가 앉는다.
④ D는 비상구와 붙어 있는 자리에 앉는다.
⑤ 두 번째 자리에는 B가 앉는다.

04 L아트센터 안전기획부는 공연 일정에 맞춰 토요일에 2명의 사원이 당직 근무를 서도록 규정하고 있다. 안전기획부에는 총 8명의 사원이 있으며, 앞으로 3주 동안 토요일 당직 근무를 선다고 할 때, 가능한 모든 경우의 수는?(단, 모든 사원은 당직 근무를 2번 이상 서지 않는다)

① 1,520가지
② 2,520가지
③ 5,040가지
④ 10,080가지
⑤ 20,160가지

※ 귀하는 L사의 서비스 상담직원으로 근무하고 있으며, 다음의 A/S 규정을 바탕으로 당사 제품을 구매한 고객들의 문의에 응대하는 업무를 맡고 있다. 이어지는 질문에 답하시오. **[5~8]**

〈A/S 규정〉

■ **제품 보증기간**

- 제품의 보증기간은 제품 구매일을 기준으로 하며, 구매일을 증명할 수 있는 자료(구매영수증, 제품보증서 등)가 없을 경우에는 제품 생산일을 기준으로 산정한다.
- 단, 보증기간(1년 이내) 중 소비자 취급주의, 부적절한 설치, 자가 수리 또는 개조로 인한 고장 발생 및 천재지변(화재 및 수해 낙뢰 등)으로 인한 손상 또는 파손된 경우에는 보증기간 기준을 제외한다.

■ **A/S 처리기준**

- 제품 보증기간 1년 이내 무상A/S를 실시한다.
- 초기불량 및 파손의 경우를 제외한 사용 이후의 불량은 각 제품의 제조사 또는 판매자가 처리함을 원칙으로 한다.
- 당사는 제품의 미개봉 판매를 원칙으로 하며, 모든 사후처리는 당사의 A/S 규정과 원칙에 준한다.

■ **교환 · 환불 배송 정책**

- A/S에 관련된 운송비는 제품 초기불량일 경우에만 당사에서 부담한다.
- 당사의 교환 및 환불 정책은 수령한 날짜로부터 7일 이내 상품이 초기불량 및 파손일 경우에 한하며, 그 외의 경우에는 복구비용을 소비자가 부담하여야 한다.
- 당사에서 판매한 제품의 환불은 소비자법 시행령 제12조에 준한 사후처리를 원칙으로 한다.
- 제품의 온전한 상태를 기준으로 하며, 수령 후 제품을 사용하였을 경우에는 환불이 불가능하다.
- 단순변심으로는 미개봉 상태에서 3일 이내에 환불신청을 해야 한다.

■ **서비스 처리 비용**

구성	수리조치 사항		고객부담금(원)	비고
DVR 녹화기 관련	모델별 펌웨어 업그레이드 설치		20,000	회당
	하드 디스크 초기화 및 기능 점검		10,000	회당
	이전 설치로 인한 네트워크 관련 작업		20,000	-
	PC장착 카드형 DVR CD-Key		10,000	개당
	DVR 메인보드 파손		수리 시 50,000 교체 시 100,000	-
CCTV 카메라 관련	각종 카메라 이전 설치		건물 내 30,000 건물 외 50,000	-
	각종 카메라 추가 설치		건물 내 10,000 건물 외 20,000	제품 구매비 별도
	영상 관련 불량	1) 기본 27만 화소 모듈	15,000	개당
		2) 27만 화소 IR 모듈	20,000	개당
		3) 41만 화소 IR 모듈	30,000	개당
	각종 카메라 전면 유리 파손 교체		3,000	개당
	카메라 전원 · 영상 배선 교체		8,000	-
	소비자 과실로 인한 내부 파손		수리 시 50,000 교체 시 100,000	-

05 **다음은 당사의 제품을 구매한 고객이 문의한 사항이다. 귀하의 답변으로 적절하지 않은 것은?**

> 고객 : 안녕하세요? 3일 전에 CCTV 제품을 구매해 설치하였습니다. 항상 켜두는 제품이라 고장이 쉽게 날 것 같은데, A/S 규정이 어떻게 되는지 안내해 주실 수 있나요?
> 귀하 : 안녕하세요? 고객님. 저희 업체의 제품을 이용해 주셔서 감사합니다.
> 문의하신 A/S 규정에 대하여 간략하게 안내해 드리겠습니다.

① 보증기간 1년 이내에 발생하는 고장에 대해서는 무상으로 수리를 해드리고 있으나, 고객님의 취급주의나 부적절한 설치, 자가 수리 또는 개조로 인하여 고장이 발생하였을 경우에는 무상A/S를 받으실 수 없습니다.
② 당사는 제품을 미개봉한 상태에서 판매하는 것을 원칙으로 하고 있습니다. 온전한 제품을 수령한 후 사용하였을 때에는 환불이 불가합니다.
③ 다만, 제품을 수령한 날로부터 7일 이내에 초기불량 및 파손이 있을 경우에는 당사에서 교환 또는 환불해 드리고 있으니 언제든지 연락주시기 바랍니다.
④ 수령한 날짜로부터 7일 이내 상품이 초기불량 및 파손일 경우 외의 문제가 발생하면, 운송비를 제외한 복구 시 발생하는 모든 비용에 대해 고객님께서 부담하셔야 합니다.
⑤ 단순변심으로는 미개봉 상태에서 3일 이내에 환불신청을 해야 한다.

06 **다음은 고객이 게시판에 남긴 문의 내용이다. 귀하가 고객에게 안내해야 할 수리비용은?**

> 고객 : 안녕하세요? 재작년에 L사 DVR녹화기를 구매했었는데요. 사용 중에 문제가 생겨 문의 남깁니다. 며칠 전에 CCTV와 DVR을 다른 장소로 옮겨 설치했는데 네트워크 설정이 필요하다고 뜨면서 제대로 작동하지 않네요. 혹시 제가 제품을 구매한 후로 펌웨어 업그레이드를 한 번도 안했었는데, 그것 때문일까요? 어찌 되었든 저에게 방문하는 수리기사에게 업그레이드뿐만 아니라 하드 디스크도 함께 점검해 달라고 요청해주세요. 그러면 수리비용은 얼마나 나올까요?

① 60,000원
② 50,000원
③ 40,000원
④ 30,000원
⑤ 20,000원

07 다음은 수리기사가 보내온 A/S 점검 결과 내용이다. 이를 바탕으로 고객에게 청구하여야 할 비용은?

〈A/S 점검 결과〉

점검일자 : 2025년 5월 27일(화)

대상제품		MD-RO439 model CCTV 카메라 1대
제품위치		건물 내부
점검항목		점검내용
외부	전면 헤드	전면 유리 파손 교체
	후면 고정대	이상 무
	본체	이상 무
내부	메인보드	이상 무, 클리너 사용(비용 ×)
	전원부	전원 배선 교체
	출력부	41만 화소 IR 교체
기타사항		로비 CCTV 1대 추가 설치(제품비 80,000원)

① 101,000원
② 111,000원
③ 121,000원
④ 131,000원
⑤ 141,000원

08 어떤 고객이 1년 내에 무상 A/S를 신청했다. 직원 A는 A/S센터에서 1.5km 떨어진 고객의 사무실까지 15분 안에 도착해야 한다. 처음에는 40m/min의 속력으로 걷다가 지각하지 않기 위해 남은 거리를 160m/min의 속력으로 달렸다면, 걸어간 거리는?

① 280m
② 290m
③ 300m
④ 310m
⑤ 320m

※ 다음은 L그룹 A부서의 문서정리 작업 일정에 대한 자료이다. 이어지는 질문에 답하시오. [9~12]

〈10월 달력〉

일	월	화	수	목	금	토
			1	2	3	4
5	6	7	8	9	10	11
12	13	14	15	16	17	18
19	20	21	22	23	24	25
26	27	28	29	30	31	

※ 일주일의 시작은 일요일이며, 첫째 주는 5일부터임

〈문서별 정리 일정〉

- A문서 : 매주 수, 목에 정리를 한다.
- B문서 : E문서를 정리한 주를 제외하고, 토요일에 정리한다.
- C문서 : A 또는 E문서를 정리하는 날에 같이 정리하며, 매달 3번씩 정리한다.
- D문서 : B문서를 정리하고 이틀 후에 문서를 정리하여 같이 보관한다.
- E문서 : 매달 9일과 20일에 정리하여 보관한다.
- F문서 : 매주 화요일에 정리한다.

09 다음 A～F문서 중 10월에 가장 빈번하게 정리한 문서는?

① A문서　　② C문서
③ D문서　　④ E문서
⑤ F문서

10 다음 중 10월에 3종류 이상의 문서를 정리하지 않은 주는?

① 첫째 주
② 둘째 주
③ 셋째 주
④ 넷째 주
⑤ 알 수 없다.

11 C문서의 정리를 14일 전까지 끝내면서 F문서를 정리하는 주에는 2번 정리한다고 할 때, 10월 중 문서정리 횟수가 가장 많은 주에 속하는 날짜는?

① 10월 5일
② 10월 13일
③ 10월 18일
④ 10월 22일
⑤ 10월 26일

12 다음 A～F문서 중 10월에 문서정리 주기가 같은 문서끼리 바르게 짝지은 것은?

① A, E문서
② A, F문서
③ B, D문서
④ C, D문서
⑤ D, F문서

※ K사는 가정용 인터넷 · 통신 시장에서 점유율 1위를 차지하고 있고, L사는 후발주자로 점유율 2위를 차지하고 있다. L사는 K사를 견제하며 자사의 시장점유율을 높이기 위해 가격할인 정책을 실시하고자 한다. 다음은 가격할인이 상품판매량에 미치는 영향을 정리한 자료이다. 이어지는 질문에 답하시오. [13~16]

〈가격할인 단위별 판매체계〉

구분		K사			
	할인율	0%	10%	20%	30%
L사	0%	(4, 5)	(3, 8)	(3, 12)	(2, 18)
	10%	(8, 4)	(5, 7)	(5, 8)	(4, 14)
	20%	(10, 3)	(8, 6)	(7, 9)	(6, 12)
	30%	(12, 2)	(10, 5)	(9, 7)	(8, 10)

※ 괄호 안의 숫자는 각 회사의 할인 정책에 따른 월 상품판매량(단위 : 백 개)을 의미함 (L사 상품판매량, K사 상품판매량)

※ 두 기업에서 판매하는 상품은 동급으로 상품당 판매가는 500,000원임

13 두 회사가 동일한 가격할인 정책을 실시한다고 가정했을 때, 다음 중 L사가 K사와의 매출액 차이를 최소화할 수 있는 할인율은 얼마이고, 그때의 월 매출액 차이는?

① 10% 할인, 8천만 원

② 20% 할인, 8천만 원

③ 20% 할인, 7천만 원

④ 30% 할인, 7천만 원

⑤ 30% 할인, 6천만 원

14 L사에서는 20% 가격할인에 대해 검토하고 있다. 이에 대해 K사에서 어떻게 대응할지 정확하게 알 수 없지만, 다음과 같은 확률로 가격을 할인하여 대응할 것으로 예측되었다. 이때 L사가 기대할 수 있는 월 매출액은?

〈20% 할인 시 경쟁사 대응 예측 결과〉

K회사 할인율	0%	10%	20%	30%
확률	20%	40%	30%	10%

① 30.2천만 원

② 30.8천만 원

③ 31.0천만 원

④ 31.6천만 원

⑤ 32.4천만 원

15 L사는 시장조사 및 경쟁사 분석을 통해 K사가 상품가격을 10% 할인한다는 정보를 획득하였다. 가장 큰 매출을 달성할 수 있는 구간이 30% 할인 구간인 것을 알고 있지만 실질적인 이익, 즉 순이익이 가장 큰 구간인지에 대해서는 수익분석이 필요하였다. 상품을 유지하는 데 있어 다음과 같은 비용이 발생한다고 할 때, L사가 가장 큰 월 순수익을 달성할 수 있는 할인율은?

〈상품 유지 시 소요되는 비용〉

- 고정비 : 50,000,000원
- 변동비 : 200,000원(개당)

① 0%
② 10%
③ 20%
④ 30%
⑤ 할인율별 차이가 없음

16 자사의 시장점유율을 높이고자 가격할인 정책에 관한 사내 워크숍을 진행하려고 한다. 준비를 위해 A ~ E 직원 5명의 워크숍 참석 여부를 조사하고 있다. 다음 〈조건〉을 바탕으로 하여 C가 워크숍에 참석할 때, 워크숍에 참석하는 직원을 바르게 추론하면?

조건

- B가 워크숍에 참석하면 E는 참석하지 않는다.
- D는 B와 E가 워크숍에 참석하지 않을 때 참석한다.
- A가 워크숍에 참석하면 B 또는 D 중 1명이 함께 참석한다.
- C가 워크숍에 참석하면 D는 참석하지 않는다.
- C가 워크숍에 참석하면 A도 참석한다.

① A, B, C
② A, C, D
③ A, B, C, D
④ A, B, C, E
⑤ A, C, D, E

※ 다음은 L사의 창립기념일 기념행사에 대한 자료이다. 이어지는 질문에 답하시오. [17~20]

〈창립기념일 기념행사 공고〉

▶ 일시 : 20××년 7월 22일(금) ~ 23일(토)

▶ 장소 : 대부도 내 기관 연수원

▶ 세부일정

1일 차		2일 차	
~ 12:00	연수원 집결	08:00 ~ 10:00	아침식사
12:00 ~ 14:00	점심식사	10:00 ~ 12:00	팀워크 향상 도미노 게임
14:00 ~ 14:15	개회식 (진행 : 김지우 대리, 이다인 대리)	12:00 ~ 13:30	폐회식 및 점심식사(기념품 지급)
14:15 ~ 14:45	대표님 말씀	13:30 ~	귀가
14:45 ~ 15:00	기념영상 상영	–	
15:00 ~ 15:10	휴식		
15:10 ~ 16:00	시상식 (장기근속자, 우수 동호회, 우수팀, 우수 사원)		
16:00 ~ 16:10	휴식		
16:10 ~ 18:00	팀 장기자랑 및 시상 (1등, 2등, 3등, 인기상)		
18:00 ~	연회 및 팀별 자유시간		

▶ 차량운행

- 회사 → 대부도 연수원
- 대부도 연수원 → 회사

17 다음 중 비용 지출 항목의 성격이 다른 것은?

① 차량운행에 필요한 차량 대여료 및 기사 섭외비

② 도미노 게임 진행을 맡아 줄 전문 진행자 행사비

③ 각종 시상 상품과 기념품 구매를 위한 구입비

④ 창립기념일 기념영상 제작 업체 섭외비

⑤ 식사를 챙겨줄 출장뷔페 및 조리사 섭외비

18 다음의 예산 항목과 지출 근거 중 가장 불필요한 내역은?

	예산 항목	지출 근거
①	인쇄비	기념품 내 기관 로고 삽입
②	답사비	대부도 연수원 위치, 시설 및 주변 답사
③	다과비	복도 비치용 다과, 팀별 자유시간용 다과 구입
④	식대	연회용 출장 뷔페 섭외
⑤	섭외비	게임 진행자, 차량 기사, 영상 제작 업체, 조리사 섭외

19 L사 행사 일정의 공고 이후 약 40%의 직원들이 앞당기거나 미룰 수 없는 외부 미팅으로 인해 점심시간 내 도착이 어렵다는 이야기를 전했다. 다음 중 예산 절약을 위해 행사 담당자가 취해야 하는 행동으로 적절하지 않은 것은?

① 외부 일정으로 인해 정해진 시간 내에 도착하지 못하는 인원을 파악한다.

② 예정되어 있던 점심식사 관련 내역의 수정 여부를 확인한다.

③ 예정되어 있던 인원에 맞추어 점심식사를 신청한다.

④ 상황에 따라 일정을 조정할지, 예정대로 진행할지 의사결정을 한다.

⑤ 자칫 예산낭비가 될 수 있기 때문에 계획을 강행하지 않고 의견을 모아 차선책을 생각한다.

20 대부도 연수원은 회사에서 128km 떨어진 거리에 있다. 버스를 타고 중간에 있는 휴게소까지는 40km/h의 속력으로 이동하였고, 휴게소부터 대부도 연수원까지는 60km/h의 속력으로 이동하여 총 3시간 만에 도착하였다. 회사에서 휴게소까지의 거리는?(단, 휴게소에서 머문 시간은 포함하지 않는다)

① 24km
② 48km
③ 72km
④ 104km
⑤ 110km

※ 다음은 L사의 A지점과 관련된 업무자료이다. 이어지는 질문에 답하시오. [21~24]

〈A지점 BIZ 영업팀 업무분장〉

구분	내선번호	업무분장
김부장	1211	• 담당 지역 내 금융·보험·부동산·임대·교육 관련 중소기업·소기업 대상 상품 컨설팅 및 고객 관리 • 판매대금 및 수금 관리 • 판매대장 정리
강과장	1212	• 담당 지역 내 과학·기술·스포츠·보건·사회복지 관련 중소기업·소기업 대상 상품 컨설팅 및 고객 관리 • 외상 매출금의 청구·회수 • 팀 내 제반 비용(법인카드 사용) 등 영수증 정리
김대리	1213	• 담당 지역 내 인쇄·의약품 제조·출판·영상·방송통신 관련 중소기업·소기업 대상 상품 컨설팅 및 고객 관리 • 경쟁사 동향 파악 및 정리 • 신입사원 교육 일정관리
최대리	1214	• 담당 지역 내 전자부품·컴퓨터·건설 관련 중소기업·소기업 대상 상품 컨설팅 및 고객 관리 • 불량 반품 및 고객 불만 처리 • 각종 공문서 작성 및 발송
남주임	1215	• 담당 지역 내 식료품 제조 관련 중소기업·소기업 대상 상품 컨설팅 및 고객 관리 • 회의실·행사장 등 대관 관련
박주임	1216	• 담당 지역 내 의류 제조 관련 중소기업·소기업 대상 상품 컨설팅 및 고객 관리 • 팀 내 비품 주문 및 관리

〈A지점 BIZ 영업팀의 2025년 3월 2주 일정〉

구분	일정
3월 3일(월)	• 김부장 : X에듀 상품 컨설팅 방문(오전) • 강과장 : E복지 사후관리 방문(오전) • 김대리 : 3월 1주 경쟁사 동향 파악 및 정리 • 최대리 : P전자 사후관리 관련 방문(오후) • 남주임 : △△음료 사후관리 방문(오후) • 박주임 : Z의류 상품 컨설팅 방문(오전)
3월 4일(화)	• 김부장 : B생명보험 S지사 사후관리 방문(오후) • 강과장 : Y스포츠 사후관리 방문(오후) • 김대리 : S제약 상품 컨설팅 방문(오후) • 최대리 : 지난주 고객 불만처리 사항 통계 작성 후 본사 제출(e-mail) • 남주임 : ★★식품 상품 컨설팅 방문(오후) • 박주임 : J의류 사후관리 방문(오후)
3월 5일(수)	• 김부장 : 본사 교육 • 강과장 : 지난달 외상매출금 정리·청구·회수 요청 • 김대리 : S출판사 그룹웨어 상품 계약 방문(오후) • 최대리 : I전자 상품 컨설팅 방문(오전) • 남주임 : Y제과 회사 에너지 효율 상품 계약 방문(오후) • 박주임 : 팀 내 비품 주문 신청

3월 6일(목)	• 김부장 : 본사 교육 • 강과장 : W테크 그룹웨어 상품 계약 방문(오후) • 김대리 : G케이블방송 사후관리 방문(오전) • 최대리 : H컴퓨터 상품 컨설팅 방문(오후) • 남주임 : R식품 사후관리 방문(오후) • 박주임 : D의류 상품 컨설팅 방문(오전)
3월 7일(금)	• 김부장 : 주간 판매대금 및 수금 관리 • 강과장 : C화학 상품 컨설팅 방문(오후) • 김대리 : 시장조사(오전) • 최대리 : ㅁㅁ인쇄 사후관리 방문(오전) • 남주임 : 시장조사(오후) • 박주임 : 시장조사(오후)

• A지점 BIZ 영업팀의 근무 시간 : 9:00 ~ 18:00
• 이외 시간은 컨설팅 및 사후관리에 필요한 업무와 팀 내 업무를 수행한다.

〈본사 교육팀 장대리의 업무 협조 메일〉

발신 : L사 본사 교육팀 장대리(발신 시간 : 2025.03.06 AM 08:30)
수신 : L사 A지점 BIZ 영업팀 김대리(수신 시간 : 2025.03.06 AM 09:20)

제목 : 신입사원 실무교육 협조 요청

안녕하십니까. 본사 교육팀 장대리입니다.

다름이 아니라 신입사원들의 BIZ 영업 관련 교육 일정을 다시 정해주시기를 부탁하려고 합니다. BIZ 영업 교육을 하기로 한 날에 불가피하게 임원진 교육이 예정되어 기존에 예정되어 있던 신입사원 실무교육의 일정을 3월 4 ~ 7일 사이로 앞당겨서 해주셨으면 합니다.

또한 전에 계획했던 것과 달리 신입사원들이 A지점을 방문해 실무교육을 받으면 좋겠습니다. 저희 측에서 일정을 급하게 변동하기를 요청하는 만큼 변경된 교육 일정을 하루 전까지 알려주시면 교육에 차질 없도록 준비하겠습니다. 그리고 이전에 말씀드린 것과 같이 작년과 다르게 신입사원 실무교육 담당자의 직급은 과장 이상이어야 합니다.

참고로 교육 담당자의 다른 업무는 다음 주에 해도 된다는 승인을 받았습니다. 신입사원 실무교육은 오전 9시부터 오후 6시까지 점심시간 1시간을 제외하고 8시간을 해야 하며, 실무교육 담당자와 교육 일정을 정해서 관련 공문서를 본사 교육팀 김주임에게 메일로 보내주십시오. 감사합니다.

L사 본사 교육팀 장대리 드림
TEL) 02-1357-2468

〈본사 교육팀 메일 주소〉

구분	메일 주소
강부장	01247@LLL.net
양과장	05329@LLL.net
라과장	06225@LLL.net
장대리	13719@LLL.net
박대리	14816@LLL.net
김주임	15056@LLL.net
김사원	16814@LLL.net

21 교육 일정과 교육 담당자를 정한 김대리는 본사에 공문을 보내려 한다. 같은 팀 내 공문 담당자에게 본사에 보내야 할 내용과 담당자 메일 주소를 전달해야 할 때, 다음 중 누구에게 어떤 메일 주소를 전달해야 하는가?

① 최대리, 13719@LLL.net
② 최대리, 14816@LLL.net
③ 최대리, 15056@LLL.net
④ 박주임, 13719@LLL.net
⑤ 박주임, 15056@LLL.net

22 김대리는 신입사원 교육시간에 나누어 줄 간단한 다과를 준비해야 한다. 교육에 참여할 신입사원은 총 30명이고, 1인당 크래커 2봉지, 쿠키 3봉지, 빵 1봉지, 주스 2캔, 물 1병씩을 제공하려고 한다. 다과의 종류별 금액이 다음과 같을 때, 구입하는 데 필요한 금액은?(단, 크래커 1Box에는 20봉지가 들어있고, 쿠키 1Box에는 30봉지가 들어있다)

〈다과의 종류별 금액〉

(단위 : 원)

구분	크래커(1Box)	쿠키(1Box)	빵(1봉지)	주스(1캔)	물(1병)
가격	4,000	5,000	1,000	900	600

① 129,000원　② 139,000원
③ 149,000원　④ 159,000원
⑤ 169,000원

23 김대리는 협력업체인 P건설에서 기업 보안을 위한 상품 설명과 제안 상담을 받고 싶다는 내용의 전화를 받았다. 다음 중 김대리가 연결해야 할 내선번호는?

① 1211
② 1212
③ 1213
④ 1214
⑤ 1215

24 김대리에게 상품 컨설팅을 받은 S제약 측에서 계약하고 싶다는 연락이 왔다. S제약은 김대리가 방문 가능한 날짜에 맞추어 계약하자는 제안을 했다. 김대리가 S제약 측에 통보해야 하는 계약날짜와 시간대는?(단, S제약에서 연락이 온 시점은 김대리가 방문한 다음 날 오후 5시이고, 가능한 한 빠른 시일 내에 계약을 체결해야 한다)

① 3월 4일 오후
② 3월 5일 오전
③ 3월 5일 오후
④ 3월 6일 오전
⑤ 3월 6일 오후

※ 다음은 L사 홍보전략팀의 회의록 자료이다. 이어지는 질문에 답하시오. [25~28]

〈회의록〉

부서 : 홍보전략팀 / 작성자 : I사원

회의 일시	2024. 12. 5.(목) AM 10:00
참석자	홍보전략팀 S차장, K과장, R대리, I사원, U사원
회의 장소	본관 3층 A회의실
회의 안건	1. 제2회 농·식품아이디어(TED) 경연대회 전체 기획 및 주제 확정 2. 홍보 전략 수립 3. 시상내역 및 비용 계산
회의 내용	1. 농·식품아이디어 경연대회 전체 기획 및 주제 확정 – 제1회 경연대회의 미흡했던 점 보강 – '농촌에 새로운 부가가치 창출 아이디어'를 주제로 확정 : 쌀 소비 활성화 방안, 6차 산업화, 귀농·귀촌 창업 등 세부 주제 결정 2. 홍보전략 – 자사 홈페이지 활용 방안 – 전국 중앙 및 지역 농·축협에 홍보포스터 게시 : 협조 공문 발송 – 유명 사이트 배너광고 검토 3. 시상내역 및 비용 계산 – 시상부문 및 상금 내역 책정 – 광고인쇄물 도안비 및 인쇄물 작성 금액 산정
결정사항 및 기한	• 제2회 TED 세부 주제 검토 및 확정(2024. 12. 30) • 전국 농·축협에 홍보 협조 공문 발송(2025. 1. 9) • 사내 아이디어 공모(2025. 1. 2 ~ 2025. 1. 5) • 광고인쇄물 발주(2025. 1. 11) • 광고 전략 수립 및 광고 샘플 작성(2025. 1. 8) • 홈페이지 및 전국 농·축협에 광고 게시(2025. 1. 20)
비고	• 다음 TED 기획 회의 : 본관 8층 Q회의실에서 예정 • 제1회 TED 경연대회 분석 자료 보고 지시

25 다음 중 회의록을 통해 알 수 있는 내용으로 옳지 않은 것은?

ㄱ. 회의 장소	ㄴ. 회의 발언자
ㄷ. 회의 주제	ㄹ. 회의 참석자
ㅁ. 회의록 작성자	ㅂ. 회의 기획자
ㅅ. 협력 부서	ㅇ. 회의 시간

① ㄱ, ㄴ, ㅁ
② ㄴ, ㄹ, ㅂ
③ ㄴ, ㅂ, ㅅ
④ ㄷ, ㅅ, ㅇ
⑤ ㅂ, ㅅ, ㅇ

26 **다음 중 회의록의 내용을 바탕으로 할 때 가장 먼저 해야 할 업무는?**

① 사내 인트라넷에 TED 홍보와 관련한 사내 아이디어를 공모한다.
② TED 기획 회의를 위해 본관 8층 Q회의실을 예약해둔다.
③ TED 세부 주제를 확정하기 위한 자료 조사 및 회의를 한다.
④ 전국 농·축협에 TED 홍보포스터의 게시를 요청하는 협조 공문을 발송한다.
⑤ 농·축협 홈페이지에 제2회 TED를 알리는 홍보물을 게시한다.

27 **다음은 K과장이 회의록을 검토한 다음 지시한 내용이다. 이에 따라 회의록을 다시 정리할 때, 적절하지 않은 내용은?**

I씨, 회의록 작성한 거 봤어요. 우선 회의록은 회의에 참석하지 않은 사람도 회의 내용을 한눈에 알 수 있게 하는 게 좋아요. 농·식품아이디어와 TED가 서로 중복되어 쓰이고 있으니 하나로 통일해주고, 결정사항에는 있는데 회의 내용에는 수록되지 않은 것이 있으니 다시 한 번 확인해줘요. 그리고 결정사항은 기한 순으로 정리하는 게 더 보기 좋지 않겠어요? 또한 다음 TED 기획 회의라는 표현보다 제1차, 제2차로 나누어서 회의 순서를 표시했으면 하고요. 마지막으로 회의실 말고 시간도 정해진 걸로 아는데 이것도 다시 정리해 주세요.

① 농·식품아이디어와 TED의 명칭을 하나로 통일한다.
② 홍보 전략에 '유명 사이트 배너광고 검토' 항목을 삭제한다.
③ 결정사항을 기한별로 순서대로 정리한다.
④ 다음 TED 기획 회의를 제2차 농·식품아이디어 기획 회의로 수정하고, 회의 날짜와 시간을 추가한다.
⑤ 회의 내용의 홍보전략에 사원들을 대상으로 TED에 대한 홍보 아이디어를 공모한다는 내용을 추가한다.

28 **제2차 TED 기획 회의는 Q회의실에서 진행될 예정이다. Q회의실에는 원형 테이블이 있다. 이 테이블에 참석자 5명이 앉는 경우의 수는?**

① 4!가지
② $\frac{4!}{2}$가지
③ 5!가지
④ $\frac{5!}{2}$가지
⑤ 6!가지

※ 다음은 L그룹의 각종 업무 및 연수 일정에 대한 자료이다. 이어지는 질문에 답하시오. [29~32]

구분		업무내용
경영기획부문	경영기획팀	• 사업 및 운영계획의 수립, 조정 및 심의에 관한 사항 • 직제 및 정원(해외조직망 현지직원 포함)에 관한 사항 • 법, 시행령 및 제 규정의 제정, 운영, 개폐에 관한 사항 • 대내외 업무보고 및 대 국회, 정부 업무에 관한 사항 • 경영공시에 관한 사항 • 팀 장회의 및 간부회의에 관한 사항 • 경영효율 개선에 관한 사항 • 외부 컨설팅 용역 총괄 심의에 관한 사항
	경영관리팀	• 중장기 경영전략, 계획, 경영목표(사장경영목표 포함)의 수립, 조정 및 이행평가에 관한 사항 • 사장 및 상임이사 경영계약 및 이행실적 평가에 관한 사항 • 경영평가 지표 설정 및 개선에 관한 사항 • 본사 내부평가제도 운영 및 개선에 관한 사항 • 경영평가지표와 관련된 팀별 목표개발, 설정 및 추진에 관한 사항 • 경영관리 부문의 정보화 계획 수립 지원에 관한 사항
경영지원부문	예산팀	• 예산 편성 및 조정, 배정에 관한 사항 • 자금계획의 수립 및 조정에 관한 사항 • 예산 및 자금집행 결과의 분석에 관한 사항 • 사업수익의 책정, 조정 및 효과 분석에 관한 사항 • 예산조달계획의 수립, 조정에 관한 사항 • 중장기 재무계획의 수립에 관한 사항 • 예산성과금제도 운영에 관한 사항 • 본부 및 실내 예산 및 운영계획에 관한 사항
	총무팀	• 조직문화 개선 및 조직활성화에 관한 사항 • 본사 사옥 시설관리 및 개선에 관한 사항 • 국내 근무직원의 복리후생(사내 근로복지기금 관리 포함) 및 보건에 관한 사항 • 행사, 의식 및 섭외에 관한 사항(단, 타 부서 주관 행사는 제외) • 공사, 구매 및 임차, 용역 등 계약에 관한 사항(단, 5백만 원 이하는 제외. 다만, 박람회 또는 전시회의 설계계약 등 업무의 성격상 타 부서에서 수행해야 할 필요가 있다고 인정되는 사항은 예외로 한다) • 소모품 구입, 출납에 관한 사항(단, 1백만 원 이하는 제외) • 국내의 토지, 건물의 구입, 관리 및 처분에 관한 사항 • 국내의 차량 및 비품의 구입, 임차, 수리, 처분 및 관리에 관한 사항
	재무팀	• 재무제표 작성 및 결산에 관한 사항 • 전표작성, 회계장부의 기록, 보관에 관한 사항 • 자금의 운용에 관한 사항 • 현금, 예금 및 유가증권의 출납, 보관에 관한 사항 • 회계 관계 증빙서류의 정리, 보관에 관한 사항 • 부가가치세, 법인세의 신고, 납부에 관한 사항 • 원천징수 제세금 납부에 관한 사항 • 재직자 연말정산에 관한 사항(단, 12월 퇴직자 연말정산에 관한 사항 포함) • 기타 회계처리 및 출납에 관한 사항
대외협력실		• 유관기관의 통상정책 수립 지원을 위한 정보조사에 관한 사항 • 통상이슈에 대한 자료발간, 설명회 개최 등 통상정보 전파에 관한 사항 • 통상압력 및 현지 애로사항 사전 파악, 대응방안 수립에 관한 사항 • 통상관련 해외 현지 업종별 단체 및 유관기관 등과 네트워크 구축에 관한 사항 • 대외업무 총괄, 조정에 관한 사항 • 대외문서 발송에 관한 사항

인재경영실	• 직원의 임면, 전보, 승진, 상벌, 강임, 휴직 및 복직에 관한 사항 • 직원의 근무평정, 교육평정, 이력 및 인사기록 유지에 관한 사항 • 인사위원회 운영에 관한 사항 • 인력수급 및 인사제도의 연구개발에 관한 사항 • 임직원 급여 및 퇴직금에 관한 사항 • 원천세 및 4대 보험료의 징수, 신고, 납부에 관한 사항 • 근로소득, 퇴직소득의 원천징수 및 퇴직자 연말정산에 관한 사항 • 국내외간 부임 및 출장에 관한 사항 • 인사에 관한 제 증명 발급에 관한 사항 • 직원의 근태관리에 관한 사항 • 직원 교육훈련 및 능력 개발계획의 수립, 피교육자의 선발, 시행 평가 및 실적관리에 관한 사항
커뮤니케이션실	• 국내외 홍보에 관한 계획 수립 및 시행에 관한 사항 • 홍보물 제작에 관한 사항 • 국내외 언론인의 취재지원에 관한 사항 • 국내외 홍보간행물 발간을 위한 사진촬영, 제작에 관한 사항 • 각종 회의실 영상기자재 운영 및 관리에 관한 사항 • 기타 홍보활동에 필요한 사진촬영, 제작에 관한 사항 • CI 관리에 관한 사항

〈경영지원부문 주말 대기 근무 규정〉

• 예산팀, 총무팀, 재무팀은 순차적으로 근무를 실시한다.
• 주말 근무 후에는 차주 월요일(토요일 근무 시) 및 화요일(일요일 근무 시)을 휴무한다.
• 같은 주에는 연속으로 근무할 수 없다.
• 주말 근무 예정자가 사정상 근무가 어려울 경우, 해당 주에 휴무이거나 근무가 없는 팀원과 대체한다.

〈L그룹 직원 복지카드 혜택〉

구분	세부 내용
교통	대중교통(지하철, 버스) 10% 할인, 택시 20% 할인
의료	각종 병원 5% 할인(동물병원 포함)
쇼핑	의류, 가구, 도서 구매 5% 할인
문화	영화관 최대 6천 원 할인

〈L그룹 인재개발연수원 식사 지원 사항〉

구분	단가
정식	9,000원
일품	8,000원
스파게티	7,000원
비빔밥	5,000원
낙지덮밥	6,000원

• 식사 시간 : 조식 – 08:00 ~ 09:00 / 중식 – 12:00 ~ 13:00 / 석식 – 18:00 ~ 19:00
• 조리 시간 단축 및 효율적인 식당 운영을 위해 인재개발원 도착 후 첫 식사인 점심은 정식, 수료일 마지막 식사인 아침은 일품으로 통일
• 나머지 식사는 정식과 일품을 제외한 메뉴 중 자유 선택 가능

29 L그룹의 대외협력실에서 근무하는 김대리는 A국회의원의 보좌관으로부터 다음과 같은 메일을 전달받았다. 이때 요청받은 자료를 얻기 위해 협조해야 할 부서는?

발신 : A의원실 B보좌관
수신 : L그룹 대외협력실 실무 담당자
제목 : 국정감사 관련 업무 협조 요청
안녕하십니까, 저는 A의원 보좌관 B입니다. 다름이 아니라 정보통신 분야 국정감사에 활용하고자 귀사의 당 회계연도 경영실적 자료와 경영전략 수립을 위한 외부 컨설팅 현황에 대한 자료를 획득하고자 합니다. 협조해 주신 자료는 국정감사 통계자료 외의 어떠한 목적으로도 유출 또는 반출하지 않을 것을 약속드립니다. 정보통신 분야의 정책 개선을 통해 보다 효율적인 기업 운영이 될 수 있도록 하고자 함이니, 적극 협조해 주시길 바랍니다. 자세한 내용은 A의원실 전화번호 02-000-0000으로 연락해 주시면 상세히 설명해 드리겠습니다. 귀사의 무궁한 발전을 기원합니다.

① 경영관리팀
② 경영기획팀
③ 재무팀
④ 총무팀
⑤ 커뮤니케이션실

30 다음은 모처럼 휴일을 맞은 김대리의 일과에 대한 내용이다. ㉠~㉤ 중 L그룹 직원 복지카드 혜택을 받을 수 없는 것을 모두 고르면?

〈김대리의 휴일 일과〉

김대리는 친구와 백화점에서 만나 쇼핑을 하기로 약속했다. 집에서 ㉠ 지하철을 타고 약 20분이 걸려 백화점에 도착한 김대리는 어머니 생신 선물로 ㉡ 화장품 세트를 구매한 후, 동생의 결혼 선물로 줄 ㉢ 침구류를 구매하였다. 쇼핑이 끝나고 ㉣ 택시를 타고 집에 돌아와 반려견의 예방접종을 위해 ㉤ OO 동물병원에 방문하여 진료를 받았다.

① ㉡, ㉢
② ㉢, ㉤
③ ㉠, ㉡, ㉢
④ ㉠, ㉡, ㉣
⑤ ㉢, ㉣, ㉤

31 총무팀에서 주말 대기 근무를 편성하는 김대리는 다음과 같이 근무표 초안을 작성하고, 이를 바탕으로 대체 근무자를 미리 반영하려고 한다. 김대리가 반영한 인원으로 옳지 않은 것은?

〈10월 경영지원부문 주말 근무표〉

구분	1주 차		2주 차		3주 차		4주 차	
	5일(토)	6일(일)	12일(토)	13일(일)	19일(토)	20일(일)	26일(토)	27일(일)
근무 부서	예산팀	총무팀	재무팀	예산팀	총무팀	재무팀	예산팀	총무팀

〈근무 대상자 명단〉

- 예산팀 : 갑(팀장), 을, 병, 정, 무, 기
- 총무팀 : A(팀장), B, C, D, E, F
- 재무팀 : 가(팀장), 나, 다, 라, 마, 바

	휴무예정일	휴무자	사유	대체근무자	대체근무일
①	5일(토)	병	가족여행	다	12일(토)
②	12일(토)	나	지인 결혼식	B	27일(일)
③	19일(토)	C	건강 검진	정	13일(일)
④	20일(일)	라	가족여행	기	26일(토)
⑤	27일(일)	F	개인 사정	바	12일(토)

32 L그룹 인재경영실에서 근무하는 김대리는 2박 3일간 실시하는 신입사원 연수에 관한 예산안을 작성해야 한다. 신입사원 연수 계획의 일부가 다음과 같을 때, 김대리가 편성할 수 있는 식사 예산의 최대 금액은?

〈신입사원 연수에 관한 사항〉

- 기간 : 2024년 4월 16일(화) ~ 18일(목)
- 장소 : L그룹 인재개발연수원
- 연수 대상(총원) : 50명
- 식사 : 인재개발연수원 식당
- 비고 : 연수 대상 중 15명은 4월 17일(수) 오전 7시에 후발대로 인재개발연수원 도착

① 1,820,000원 ② 1,970,000원
③ 2,010,000원 ④ 2,025,000원
⑤ 2,070,000원

※ 다음은 L회사에서 교육 중에 활용한 계약서 관련 자료이다. 이어지는 질문에 답하시오. [33~36]

계약서란 계약의 당사자 간의 의사표시에 따른 법률행위인 계약 내용을 문서화한 것으로, 당사자 사이의 권리와 의무 등 법률관계를 규율하고 의사표시 내용을 항목별로 구분지은 후, 구체적으로 명시하여 어떠한 법률행위를 어떻게 ㉠ 하려고 하는지 등의 내용을 특정한 문서이다. 계약서의 작성은 미래에 계약에 관한 분쟁 발생 시 중요한 증빙자료가 될 수 있다.
계약서의 종류를 살펴보면, 먼저 임대차계약서는 임대인 소유의 부동산을 임차인에게 임대하고, 임차인은 이에 대한 약정을 합의하는 내용을 담고 있다. 임대차는 당사자의 한쪽이 상대방에게 목적물을 사용·수익화할 수 있도록 약정하고, 상대방이 이에 대하여 차임을 지급할 것을 ㉡ 약정함으로써 그 효력이 생긴다. 부동산 임대차의 경우 목적 부동산의 전세, 월세에 대한 임차보증금 및 월세를 지급할 것을 내용으로 하는 계약이 여기에 해당하며, 임대차계약서는 주택 등 집합건물의 임대차계약을 작성하는 경우에 사용되는 계약서이다. 주택 또는 상가의 임대차계약은 민법에 대한 특례를 규정한 주택임대차보호법 및 상가건물 임대차보호법의 적용을 받으며, 이 법의 적용을 받지 않은 임대차에 관해서는 민법상의 임대차규정을 적용하고 있다.
다음으로 근로계약서는 근로자가 회사(근로기준법에서는 '사용자'라고 함)의 지시 또는 관리에 따라 일을 하고 이에 대한 ㉢ 댓가로 회사가 임금을 지급하기로 한 내용의 계약서를 뜻하며, 유상·쌍무계약을 말한다. 근로자와 사용자의 근로관계는 서로 동등한 지위에서 자유의사에 따라 결정한 계약에 따라 성립한다. 이러한 근로관계의 성립은 구술에 의하여 약정되기도 하지만 통상적으로 근로계약서 작성을 통해 행해지고 있다.
마지막으로 부동산 매매계약서는 당사자가 계약 목적물을 매매할 것을 합의하고, 매수인이 매도자에게 매매대금을 지급할 것을 약정하여 효력이 발생한다. 부동산 매매계약서는 부동산을 사고, 팔기 위하여 매도인과 매수인이 약정하는 계약서로 매매대금 및 지급시기, 소유권 이전, 제한권 소멸, 제세공과금, 부동산의 인도, 계약의 해제에 관한 사항 등을 약정하여 교환하는 문서이다. 부동산거래는 상황에 따라 다양한 매매조건이 ㉣ 수반되기 때문에 획일적인 계약내용 외에 별도 사항을 기재하는 수가 많으므로 계약서에 서명하기 전에 계약내용을 잘 확인하여야 한다.
이처럼 계약서는 계약의 권리와 의무의 발생, 변경, 소멸 등을 도모하는 중요한 문서로 계약서를 작성할 때에는 신중하고 냉철하게 판단한 후, 권리자와 의무자의 관계, 목적물이나 권리의 행사방법 등을 명확하게 전달할 수 있도록 육하원칙에 따라 간결·명료하게, 정확하게 그리고 ㉤ 평이하게 작성해야 한다.

33 다음 중 윗글의 내용으로 적절하지 않은 것은?

① 계약 체결 이후 관련 분쟁이 발생할 경우 계약서가 중요한 증빙자료가 될 수 있다.
② 주택 또는 상가의 임대차계약은 민법상의 임대차규정의 적용을 받는다.
③ 근로계약을 통해 근로자와 사용자의 동등한 근로관계가 성립한다.
④ 부동산 매매계약서는 획일적인 계약내용 외에 별도 사항을 기재하기도 한다.
⑤ 계약서를 작성할 때는 간결·명료하고 정확한 표현을 사용하여야 한다.

34 윗글의 ㉠~㉤ 중 맞춤법이 옳지 않은 것은?

① ㉠
② ㉡
③ ㉢
④ ㉣
⑤ ㉤

35 L사의 영업팀과 홍보팀에서 근무 중인 A~I사원 9명은 교육 참여를 위해 호텔에 투숙하게 되었다. 한 층당 4개의 객실로 이루어져 있는 호텔을 1층부터 3층까지 사용한다. 다음 〈조건〉을 바탕으로 할 때 항상 옳은 것은?(단, 직원 1명당 1개의 객실을 사용하며, 2층 이상의 객실은 반드시 엘리베이터를 이용해야 한다)

조건

- 202호는 현재 공사 중이라 사용할 수 없다.
- 영업팀 A사원은 홍보팀 B, E사원과 같은 층에 묵는다.
- 3층에는 영업팀 C, D, F사원이 묵는다.
- 홍보팀 G사원은 같은 팀 H사원의 바로 아래층 객실에 묵는다.
- I사원은 101호에 배정받았다.

① 홍보팀 G사원은 2층에 묵는다.
② 영업팀은 총 5명이 교육에 참여했다.
③ 영업팀 C사원의 객실 바로 아래층은 빈 객실이다.
④ 엘리베이터를 이용해야 하는 사람의 수는 영업팀보다 홍보팀이 더 많다.
⑤ 홍보팀 E사원이 객실에 가기 위해서는 반드시 엘리베이터를 이용해야 한다.

36 사원 A와 B가 함께 호텔에서 나와 교육장을 향해 150m/min의 속력으로 가고 있다. 30분 정도 걸었을 때, A사원은 호텔에 두고 온 중요한 서류를 가지러 300m/min의 속력으로 호텔에 갔다가 같은 속력으로 다시 교육장을 향해 뛰어간다고 한다. B사원은 처음 속력 그대로 20분 뒤에 교육장에 도착했을 때, A사원은 B사원이 교육장에 도착하고 나서 몇 분 후에 회사에 도착하는가?

① 20분
② 25분
③ 30분
④ 35분
⑤ 40분

※ 다음은 A사원이 신제품 개발 회의에 앞서 준비한 자료이다. 이어지는 질문에 답하시오. [37~40]

최근 컴퓨터로 하여금 사람의 신체 움직임을 3차원적으로 인지하게 하여, 이 정보를 기반으로 인간과 컴퓨터가 상호 작용하는 다양한 방법들이 연구되고 있다. 리모컨 없이 손짓으로 TV 채널을 바꾼다거나, 몸짓을 통해 게임 속 아바타를 조종하는 것 등이 바로 그것이다. 이때 컴퓨터가 인지하고자 하는 대상이 3차원 공간 좌표에서 얼마나 멀리 있는지에 대한 정보가 필수적인데, 이를 '깊이 정보'라고 한다.

깊이 정보를 획득하는 방법으로 우선 수동적 깊이 센서 방식이 있다. 이는 사람이 양쪽 눈에 보이는 서로 다른 시각 정보를 결합하여 3차원 공간을 인식하는 것과 비슷한 방식으로, 두 대의 카메라로 촬영하여 획득한 2차원 영상에서 깊이 정보를 추출하는 것이다. 하지만 이 방식은 두 개의 영상을 동시에 처리해야 하므로 시간이 많이 걸리고, 또한 한쪽 카메라에는 보이지만 다른 카메라에는 보이지 않는 부분에 대해서는 정확한 깊이 정보를 얻기 어렵다. 두 카메라가 동일한 수평선상에 정렬되어 있어야 하고, 카메라의 광축도 평행을 이루어야 한다는 제약 조건이 따른다.

그래서 최근에는 능동적 깊이센서 방식인 TOF(Time of Flight) 카메라를 통해 깊이 정보를 직접 획득하는 방법이 주목받고 있다. TOF 카메라는 LED로 적외선 빛을 발사하고, 그 신호가 물체에 반사되어 돌아오는 시간차를 계산하여 거리를 측정한다. 한 대의 TOF 카메라가 1초에 수십 번 빛을 발사하고 수신하는 것을 반복하면서 밝기 또는 색상으로 표현된 동영상 형태로 깊이 정보를 출력한다.

㉠ <u>TOF 카메라</u>는 기본적으로 '빛을 발사하는 조명'과 '대상에서 반사되어 돌아오는 빛을 수집하는 두 개의 센서'로 구성된다. 그중 한 센서는 빛이 발사되는 동안만, 나머지 센서는 빛이 발사되지 않는 동안만 활성화된다. 전자는 A센서, 후자는 B센서라고 할 때 TOF 카메라가 깊이 정보를 획득하는 기본적인 과정은 다음과 같다. 먼저 조명이 켜지면서 빛이 발사된다. 동시에 대상에서 반사된 빛을 수집하기 위해 A센서도 켜진다. 일정 시간 후 조명이 꺼지면 A센서도 꺼진다. 조명과 A센서가 꺼지는 시점에 B센서가 켜진다. 만약 카메라와 대상 사이가 멀어서 반사된 빛이 돌아오는 데 시간이 걸려 A센서가 활성화되어 있는 동안에 A센서로 다 들어오지 못하면 나머지 빛은 B센서에 담기게 된다. 결국 대상에서 반사된 빛이 A센서와 B센서로 나뉘어 담기는데 이러한 과정이 반복되면서 대상과 카메라 사이가 가까울수록 A센서에 누적되는 양이 많아지고, 멀수록 B센서에 누적되는 양이 많아진다. 이렇게 A, B 각 센서에 누적되는 반사광의 양의 차이를 통해 깊이 정보를 얻을 수 있는 것이다.

TOF 카메라도 한계가 없는 것은 아니다. 적외선을 사용하기 때문에 태양광이 있는 곳에서는 사용하기 어렵고, 보통 10m 이내로 촬영 범위가 제한된다. 하지만 실시간으로 빠르고 정확하게 깊이 정보를 추출할 수 있기 때문에 다양한 분야에서 응용되고 있다.

37 다음 중 윗글의 내용으로 적절하지 않은 것은?

① 능동적 깊이 센서 방식은 실시간으로 깊이 정보를 제공해 준다.

② 능동적 깊이 센서 방식은 한 대의 카메라로 깊이 정보를 측정할 수 있다.

③ 수동적 깊이 센서 방식은 사람이 3차원 공간을 인식하는 방법과 유사하다.

④ 수동적 깊이 센서 방식은 두 대의 카메라가 대상을 앞과 뒤에서 촬영하여 깊이 정보를 측정한다.

⑤ 컴퓨터가 대상을 3차원적으로 인지하기 위해서는 깊이 정보가 필요하다.

38 **다음 중 윗글을 읽은 회의 참여자가 ㉠에 대해 이해한 내용으로 가장 적절한 것은?**

① 대상의 깊이 정보를 수치로 표현하겠군.
② 햇빛이 비치는 밝은 실외에서 더 유용하겠군.
③ 빛 흡수율이 높은 대상일수록 깊이 정보 획득이 용이하겠군.
④ 손이나 몸의 상하좌우뿐만 아니라 앞뒤 움직임도 인지하겠군.
⑤ 사물이 멀리 있을수록 깊이 정보를 더욱 정확하게 측정하겠군.

39 **A사원은 항상 발표가 두려웠고 회의에서 이를 극복하기 위해 자료조사를 철저히 하여 노력했다. A사원을 격려하기 위해 사용할 수 있는 한자성어로 가장 적절한 것은?**

① 안빈낙도(安貧樂道)
② 호가호위(狐假虎威)
③ 각주구검(刻舟求劍)
④ 우공이산(愚公移山)
⑤ 사면초가(四面楚歌)

40 **A사원은 다음 〈조건〉에 따라 회의를 준비하려 한다. A, B의 결론에 대한 판단으로 항상 옳은 것은?**

조건

- 회의장을 세팅하는 사람은 회의록을 작성하지 않는다.
- 회의에 쓰일 자료를 복사하는 사람은 자료 준비에 참여한 것이다.
- 자료 준비에 참여하는 사람은 회의장 세팅에 참여하지 않는다.
- 자료 준비를 하는 사람은 회의 중 회의록을 작성한다.

A : 회의록을 작성하지 않으면 회의 자료를 복사하지 않는다.
B : 회의장을 세팅하면 회의 자료를 복사한다.

① A만 옳다.
② B만 옳다.
③ A, B 모두 옳다.
④ A, B 모두 틀리다.
⑤ A, B 모두 옳은지 틀린지 판단할 수 없다.

4일 차
기출응용 모의고사

〈시험 개요 및 시간〉

롯데그룹 온라인 L-TAB	
개요	제한시간
• 실제 업무 상황처럼 구현된 아웃룩 메일함 / 자료실 환경에서 이메일 및 메신저 등으로 전달된 다수의 과제 수행 • 문항에 따라 객관식, 주관식, 자료 첨부 등 다양한 형태의 답변이 가능 • 문항 수 구분은 없으나 대략적으로 30 ~ 40문제 수준의 문항 수가 주어짐	3시간 (사전준비 1시간 포함)

롯데그룹 L-TAB 온라인 직무적합진단

4일 차 기출응용 모의고사

문항 수 : 40문항
시험시간 : 120분

※ 다음은 L공사의 스마트워크 구축에 대한 현장방문 안내서이다. 이어지는 질문에 답하시오. [1~4]

1. 방문시간
   평일 10:00 ~ 17:00(주말 및 공휴일 휴관)

2. 신청방법
   - 15인 이하 : 당일 신청 후 청사 주변 및 17층 자율관람
   - 15인 이상
     - 사전예약제로 운영(방문희망일 3일 전까지 신청 가능)
     - 안내 직원에 따라 방문코스별 관람
     ※ 6세 이하 어린이는 보호자를 동반하여야 함

3. 방문코스 및 소요시간(사전예약자에 한함)

구분	소요시간	안내 내용	주요 방문지
A코스	20분	스마트워크 사무실 및 협업공간 관람	17층(휴게공간 및 전망대) → 6층(회의공간) → 5층(지식창조공간)
B코스	40분	사무실, 물관리센터 및 협업공간 관람	1층(스마트워크 프레젠테이션) → 17층(휴게공간 및 전망대) → 6층(회의공간) → 5층(지식창조공간) → 4층(물관리센터)

   ※ 코스 및 소요시간은 상황에 따라 변경될 수 있음

4. 관람료 : 무료

5. 방문 시 유의사항
   - 직원들이 근무하는 공간이니 정숙하여 주시고 뛰어다니는 행위는 삼가십시오.
   - 휴대폰은 진동모드로 전환해 주십시오.
   - 건물 내에는 음식물 반입이 금지됩니다.
   - 진열장 및 전시품을 손으로 만질 수 없습니다.
   - 플래시, 삼각대를 이용해 사진을 찍는 행위는 금하고 있습니다.
   - 관람예절을 지키지 않아 타인의 관람에 피해를 주는 경우, 관람을 제한할 수 있습니다.

6. 찾아오시는 길(본사) : 서울시 송파구 ○○○로 ○○ L공사

7. 방문신청(전화)
   경영지원처 대리 정○○(전화 : 02-123-4568)

01 다음은 위 안내서를 본 A대학교 취업동아리 집행부원들이 작성 중인 관람 계획서이다. 이에 대한 동아리 부원들의 반응으로 적절하지 않은 것은?

〈스마트워크 현장 관람 계획〉
- 대상 : L공사에 취업을 희망하는 A대학교 학생
- 인원 : 15명
- 방문희망일 : 2024년 11월 15일(금)
- 관람 내용 : 스마트워크에 대한 프레젠테이션과 물관리센터 공간 관람을 필요로 함

① 주말 및 공휴일은 휴관하니 평일 수업이 많이 없는 금요일 1시로 방문시간을 정해야겠어.
② 관람 요청 내용에 따르면 B코스를 선택해야 해.
③ 스마트워크 프레젠테이션 및 물관리센터 관람은 기본 인원이 15인 이상이니 우리는 별도의 예약 없이 바로 관람할 수 있겠어.
④ 유의사항에 따라 카메라 삼각대를 들고 가는 일은 지양해야겠어.
⑤ 15인 이하일 경우는 별도 신청 후 청사 주변 및 17층 자율관람을 하지만, 우리는 안내 직원을 따라 코스별로 관람해야 해.

02 L공사는 A대학교 세미나 홀에서 스마트워크 현장 관람 홍보를 위한 설명회를 진행하였다. 설명회에 참석한 남학생의 인원은 설명회에 참석한 전체 인원의 $\frac{1}{5}$보다 65명 많았고, 여학생의 인원은 전체 인원의 $\frac{1}{2}$보다 5명 적었다. 이때 설명회에 참석한 전체 인원수는?

① 150명
② 200명
③ 250명
④ 300명
⑤ 350명

03 설명회가 끝난 후 L공사 직원들은 뷔페에서 저녁 식사를 하였다. 음료 코너의 왼쪽부터 순서대로 빨간색, 갈색, 검은색, 노란색, 파란색 5개의 컵이 일렬로 놓여 있다. 그중 4개의 컵에는 각각 물, 주스, 맥주, 포도주가 들어 있고, 하나의 컵은 비어 있다. 다음 내용이 항상 참일 때, 컵에 들어 있는 내용물이 바르게 연결된 것은?

- 물은 항상 포도주가 들어 있는 컵의 바로 오른쪽 컵에 들어 있다.
- 주스는 항상 비어 있는 컵의 바로 왼쪽 컵에 들어 있다.
- 맥주는 빨간색 또는 검은색 컵에 들어 있다.
- 맥주가 빨간색 컵에 들어 있지 않으면 파란색 컵에는 물이 들어 있지 않다.
- 포도주는 빨간색, 검은색, 파란색 컵 중에 들어 있다.

① 빨간색 컵 – 물
② 갈색 컵 – 포도주
③ 검은색 컵 – 맥주
④ 노란색 컵 – 포도주
⑤ 파란색 컵 – 주스

04 L공사 직원들은 곧 있을 초등부 관람을 위해 학생들에게 나누어 줄 빵을 포장하려고 한다. 크로와상 60개, 소보로 52개, 단팥빵 48개를 똑같이 나누어 가능한 한 많은 상자를 포장하고자 할 때, 상자의 최대 개수는?

① 1상자
② 2상자
③ 3상자
④ 4상자
⑤ 5상자

※ L사 인사팀에 근무하고 있는 C대리는 A사원과 B차장의 승진심사를 위해 다음과 같은 자료를 작성하였다. 이어지는 질문에 답하시오. **[5~8]**

〈승진심사 점수표〉

(단위 : 점)

구분	직급	업무			업무평점	능력	태도	승진심사 평점
		업무실적	개인평가	조직기여도				
총무팀	A사원	86	70	80		80	60	
자산팀	B차장	80	85	90		77	85	85

※ 승진심사 평점은 업무평점 80%, 능력 10%, 태도 10%로 계산함
※ 승진심사 평점이 80점 이상이면 승진임
※ 업무평점은 직급에 따라 다음과 같은 식으로 계산됨
　직급에 따른 업무항목별 ㉠ 계산 기준
　– 사원 ~ 대리 : (업무실적)×0.5+(개인평가)×0.3+(조직기여도)×0.2
　– 과장 ~ 부장 : (업무실적)×0.3+(개인평가)×0.2+(조직기여도)×0.5

05 다음 중 B차장의 업무평점으로 옳은 것은?

① 78점
② 80점
③ 83점
④ 86점
⑤ 89점

06 다음 중 A사원의 승진심사 평점으로 옳은 것은?

① 65점
② 70점
③ 78점
④ 82점
⑤ 84점

07 다음 중 ㉠과 같은 의미로 쓰인 것은?

① B대리는 오늘 지출한 총매출과 비용을 계산해보았다.
② A사원은 법인카드로 점심식사를 계산했다.
③ 그는 계산에 밝은 편이야.
④ 계획을 세울 때에는 뜻하지 않은 일도 계산해두는 게 좋지.
⑤ C차장은 이것저것 계산하지 않고 한 길만 고집하는 우직한 사람이야.

08 다음 중 A사원이 승진심사 결과 발표 이후 가져야 할 마음가짐에 가장 가까운 한자성어는?

① 각골통한(刻骨痛恨)
② 비분강개(悲憤慷慨)
③ 원철골수(怨徹骨髓)
④ 교아절치(咬牙切齒)
⑤ 절차탁마(切磋琢磨)

※ L사의 컴퓨터기기 유지 및 보수 업무를 담당하는 Y사원은 A ~ C 세 부서에서 받은 컴퓨터 점검 및 수리 요청 내역과 수리요금표를 다음과 같이 정리하였다. 이어지는 질문에 답하시오. [9~12]

〈점검 · 수리 요청 내역〉

구분	수리 요청 내역	요청인원	비고
A부서	RAM 8GB 교체	12명	• 요청인원 중 3명은 교체 및 1개 더 추가설치 희망
	SSD 250GB 추가 설치	5명	–
	프로그램 설치	20명	• 문서작성 프로그램 : 10명 • 3D그래픽 프로그램 : 10명
B부서	HDD 1TB 교체	4명	• 요청인원 모두 교체 시 HDD 백업 희망
	HDD 포맷 · 배드섹터 수리	15명	–
	바이러스 치료 및 백신 설치	6명	–
C부서	외장 VGA 설치	1명	–
	HDD 데이터 복구	1명	• 원인 : 하드웨어적 증상 • 복구용량 : 270GB
	운영체제 설치	4명	• 회사에 미사용 정품 설치 USB 보유

※ HDD 데이터 복구의 경우 서비스센터로 PC를 가져가 진행함

〈수리요금표〉

구분	수리 내역		서비스비용	비고
H/W	교체 및 설치	RAM(8GB)	8,000원	부품비용 : 96,000원
		HDD(1TB)	8,000원	부품비용 : 50,000원
		SSD(250GB)	9,000원	부품비용 : 110,000원
		VGA(포스 1060i)	10,000원	부품비용 : 300,000원
	HDD 포맷 · 배드섹터 수리		10,000원	–
	HDD 백업		100,000원	–
S/W	프로그램 설치		6,000원	그래픽 관련 프로그램 설치 시 개당 추가 1,000원의 비용 발생
	바이러스 치료 및 백신 설치		10,000원	–
	운영체제 설치		15,000원	정품 미보유 시 정품 설치 USB 개당 100,000원의 비용 발생
	드라이버 설치		7,000원	–
데이터 복구	하드웨어적 원인(~ 160GB)		160,000원	초과용량의 경우 1GB당 5,000원의 비용 발생
	소프트웨어적 원인		180,000원	–

※ 프로그램 · 드라이버 설치 서비스비용은 개당 비용임
※ H/W를 교체 · 설치하는 경우 수리요금은 서비스비용과 부품비용을 합산하여 청구함
※ 하나의 PC에 같은 부품을 여러 개 교체 · 설치하는 경우 부품의 개수만큼 서비스비용이 발생함

09 다음 중 A부서의 수리 요청 내역과 수리요금이 바르게 짝지어진 것은?

	수리 요청 내역	수리요금
①	RAM 8GB 교체	1,248,000원
②	RAM 8GB 교체	1,560,000원
③	SSD 250GB 추가설치	575,000원
④	프로그램 설치	120,000원
⑤	프로그램 설치	131,000원

10 B부서의 요청 내역을 모두 진행했을 때, 다음 중 B부서에 청구되어야 할 수리요금으로 옳은 것은?

① 742,000원
② 778,000원
③ 806,000원
④ 842,000원
⑤ 888,000원

11 HDD 데이터 복구를 요청한 C부서의 U과장이 Y사원에게 PC를 며칠 후에 받을 수 있는지 물었다. 다음을 바탕으로 할 때, Y사원이 U과장에게 안내할 기간은?

〈데이터 복구 관련 안내문〉

- 복구 전 진단을 시행하며, 이때 소요되는 시간은 2시간입니다.
- 시간당 데이터 복구량은 7.5GB입니다.
- 수리를 마친 다음 날 직접 배송해드립니다.

① 1일
② 2일
③ 3일
④ 4일
⑤ 5일

12 Y사원은 HDD 데이터 복구를 위해 회사에서 2km 떨어진 거리의 서비스센터에 갔다. 처음에는 80m/min의 속력으로 걷다가 늦을 것 같아 속력을 두 배로 올렸더니 총 20분이 걸렸다. 80m/min의 속력으로 걸은 거리는?

① 600m
② 800m
③ 1,000m
④ 1,200m
⑤ 1,400m

※ L사의 해외영업팀은 팀 전체가 해외출장을 앞두고 있다. 해외출장에 앞서 총책임을 맡은 A팀장은 유의사항을 확인하기 위해 위기상황별 대처매뉴얼을 찾아보았다. 이어지는 질문에 답하시오. **[13~16]**

〈위기상황별 대처매뉴얼〉

■ **영사콜센터** – 24시간 연중무휴

• 이용방법

– 국내 : 02)3210-0404(유료)

– 해외 : +822-3210-0404(유료)

• 상담내용

우리 국민 해외 사건·사고 접수, 신속해외송금지원제도 안내, 가까운 재외공관 연락처 안내 등 전반적인 영사 민원 상담

■ **도난·분실 시**

• 재외공관(대사관 혹은 총영사관)에서 사건 관할 경찰서의 연락처와 신고방법 및 유의사항을 안내받습니다.

• 의사소통의 문제로 어려움을 겪을 경우, 통역 선임을 위한 정보를 제공받습니다.

• 여권 분실

– 여권을 분실한 경우, 가까운 현지 경찰서를 찾아가 여권 분실 증명서를 만듭니다. 재외공관에 분실 증명서, 사진 2장(여권용 컬러사진), 여권번호, 여권발행일 등을 기재한 서류를 제출합니다. 급히 귀국해야 할 경우 여행증명서를 발급받습니다.

※ 여권 분실에 대비해 여행 전 여권을 복사해두거나, 여권번호, 발행 연월일, 여행지 우리 공관 주소 및 연락처 등을 메모해 둡니다. 단, 여권을 분실했을 경우 해당 여권이 위·변조되어 악용될 수 있다는 점에 유의바랍니다.

• 현금 및 수표 분실

– 여행 경비를 분실·도난당한 경우, 신속해외송금지원제도를 이용합니다(재외공관 혹은 영사콜센터 문의).

– 여행자 수표를 분실한 경우, 경찰서에 바로 신고한 후 분실 증명서를 발급받습니다.

• 항공권 분실

– 항공권을 분실한 경우, 해당 항공사의 현지 사무실에 신고하고, 항공권 번호를 알려줍니다.

※ 분실에 대비해 항공권 번호가 찍혀 있는 부분을 미리 복사해 두고, 구매한 항공사의 연락처도 메모해둡니다.

• 수하물 분실

– 수하물을 분실한 경우, 화물인수증(Claim Tag)을 해당 항공사 직원에게 제시하고, 분실 신고서를 작성합니다. 공항에서 짐을 찾을 수 없게 되면, 항공사에서 책임지고 배상합니다.

※ 현지에서 여행 중에 물품을 분실한 경우 현지 경찰서에 잃어버린 물건에 대해 신고를 하고, 해외여행자 보험에 가입한 경우 현지 경찰서로부터 도난 신고서를 발급받은 뒤, 귀국 후 해당 보험회사에 청구합니다.

13 다음 중 A팀장이 해외 출장 전 팀원들에게 당부할 내용으로 적절하지 않은 것은?

① 수하물을 분실했을 때 화물인수증이 없어도 해당 항공사 직원에게 항공권을 보여주면 항공사에서 책임지고 배상해주니 걱정하지 마세요.

② 여권 분실에 대비해서 여행 전 여권을 복사해둬야 합니다.

③ 여행 경비를 분실·도난당한 경우에 신속해외송금지원제도를 이용할 수 있으니 바로 제게 말씀해주시기 바랍니다.

④ 항공권을 분실할 경우를 대비해 항공권 번호가 있는 부분을 일괄적으로 모두 복사할 예정입니다.

⑤ 영사콜센터는 24시간 연중무휴로 운영되니 위급상황 시 주저하지 말고 전화하세요.

14 **A팀장은 위기상황별 대처매뉴얼을 기반으로 유인물을 만들어 팀원들에게 나눠주었다. 다음 중 팀원들의 질문에 대한 A팀장의 대답으로 적절하지 않은 것은?**

① B대리 : 만약 여권을 분실했는데 그 사실을 한국으로 돌아가기 전날 알았다면 어떻게 하죠?
A팀장 : 급히 귀국해야 하는 경우이니 여행증명서를 발급받으면 됩니다.

② E사원 : 현지에서 잃어버린 물품에 대해 가입한 해외여행자 보험사에 청구하려 할 때는 어떤 서류가 필요한가요?
A팀장 : 현지 경찰서로부터 도난 신고서를 발급받으면 자동으로 해당 보험회사에 정보가 넘어가니 따로 제출할 서류는 없습니다.

③ D주임 : 여행자 수표를 분실했을 때는 어떻게 해야 하나요?
A팀장 : 현지 경찰서에 바로 신고한 후 분실 증명서를 발급받습니다.

④ C사원 : 여행 경비를 강도에게 빼앗기고 당장 쓸 돈이 한 푼도 없다면 어떻게 하나요?
A팀장 : 영사관에서 제공하는 신속해외송금지원제도를 이용하면 됩니다. 재외공관이나 영사콜센터에 문의하면 자세히 가르쳐 줍니다.

⑤ F사원 : 영사콜센터는 무료로 이용 가능한가요?
A팀장 : 영사콜센터는 유료이며 우리 국민의 해외 사건・사고 접수, 가까운 재외공관 연락처 안내, 신속해외송금지원제도 안내 등 전반적인 영사민원을 상담하고 있습니다.

15 **비행기가 순항 중일 때에는 860km/h의 속력으로 날아가고, 기상이 악화되면 40km/h의 속력이 줄어든다. 해외출장 시 3시간 30분을 비행하는데 15분 동안 기상이 악화되었다면 날아간 총거리는?**

① 2,850km
② 2,900km
③ 2,950km
④ 3,000km
⑤ 3,050km

16 **해외출장지에 도착한 A팀장은 가방에 넣었던 여권이 보이지 않자 도난 상황임을 짐작하고 경찰서에 신고하였다. 하지만 어이없게도 여권은 A팀장의 주머니에서 발견되었다. 이 상황을 나타낸 한자성어로 가장 적절한 것은?**

① 누란지위(累卵之危)
② 등하불명(燈下不明)
③ 수구초심(首丘初心)
④ 조족지혈(鳥足之血)
⑤ 지란지교(芝蘭之交)

※ 다음은 L사의 성과급 지급 규정이다. 이어지는 질문에 답하시오. [17~20]

〈성과급 지급 규정〉

제1조(성과급의 정의)
성과급이란 조직원의 사기진작과 합리적인 임금 체계 구축을 위해 평가된 결과에 따라 차등 지급되는 보수를 말한다.

제2조(지급대상)
① 성과연봉의 지급대상자는 성과평가 대상기간 중 1개월 이상의 기간 동안 L사에 직원으로 근무한 자로 한다.
② 제1항의 근무기간에 휴직기간, 징계기간, 지위해제기간, 결근기간은 포함하지 않는다.
③ 1개월 이상 L사 직원으로 근무하였음에도 성과평가 결과를 부여받지 못한 경우에는 최하등급 기준으로 성과연봉을 지급한다.

제3조(평가시기)
평가는 분기별로 1회씩 이루어진다.

제4조(평가기준)
평가항목과 가중치에 따라 다음과 같은 기준을 제시한다.

평가항목	전문성	유용성	수익성
가중치	0.3	0.2	0.5

제5조(점수별 등급)
성과평가 점수에 따른 평가등급을 다음과 같이 제시한다.

성과평가 점수	9.0 이상	8.0 이상~9.0 미만	7.0 이상~8.0 미만	6.0 이상~7.0 미만	5.0 이상~6.0 미만
평가등급	S등급	A등급	B등급	C등급	D등급

제6조(지급기준)
평가등급에 따라 다음과 같이 지급한다.

평가등급	S등급	A등급	B등급	C등급	D등급
지급액	100만 원	80만 원	60만 원	40만 원	20만 원

17 **다음 중 성과급 지급 규정에 대해 이해한 내용으로 적절하지 않은 것은?**

① 성과연봉을 받기 위해서는 성과평가 대상기간 중 1개월 이상의 기간은 직원으로 L사에서 근무해야 해.
② 맞아. 1개월 이상 L사 직원으로 근무하였음에도 성과평가 결과를 부여받지 못한 경우에는 성과연봉이 하나도 지급되지 않아.
③ 성과급 평가기준은 전문성, 유용성, 수익성으로 나뉘는데, 수익성 > 전문성 > 유용성 순으로 가중치가 커.
④ 성과평가는 분기별로 한 번씩 이루어져.
⑤ 근무기간에 휴직기간, 징계기간, 지위해제기간, 결근기간은 포함하지 않아.

18 L사에 근무하는 O대리의 평가점수가 다음과 같다고 할 때, O대리가 1년 동안 받는 성과급의 총액은?

〈L사 O대리의 평가점수〉

(단위 : 점)

구분	전문성	유용성	수익성
1분기	6	8	7
2분기	7	7	6
3분기	8	6	7
4분기	7	8	9

① 200만 원
② 210만 원
③ 220만 원
④ 230만 원
⑤ 240만 원

19 성과급 지급 규정의 평가기준에서 수익성의 비중을 높여 전문성 0.3, 유용성 0.2, 수익성 0.6으로 가중치를 변경한다면, **18**번에서 계산한 O대리의 1년 총성과급보다 얼마나 증가하는가?

① 40만 원
② 50만 원
③ 60만 원
④ 70만 원
⑤ 80만 원

20 A사원과 B사원은 성과급을 받을 자격이 된다. A사원이 S등급을 받지 못할 확률이 $\frac{2}{3}$이고 B사원이 S등급을 받을 확률이 60%일 때 A사원과 B사원이 둘 다 S등급을 받을 확률은?

① 20%
② 30%
③ 40%
④ 50%
⑤ 60%

※ 다음은 L기업의 인사·총무팀 K사원이 해결해야 할 업무들을 두서없이 적어놓은 자료이다. 이어지는 질문에 답하시오(단, 오늘은 7월 12일 화요일이다). [21~24]

〈업무 목록〉

업무 내용	필요 기간	업무(완수)일
▶ 팀워크 향상 교육 결과 보고서 제출	4일	08.31
▶ 2차 팀워크 향상 교육 준비 / 확인	3일	08.10
▶ 자동문 수리 기사 방문(11 ~ 12시 사이)	1시간	07.11
▶ 급여 계산 완료 및 결재 요청	5일	08.11
▶ 1차 팀워크 향상 교육 준비	4일	07.27
▶ 급여 이체의뢰서 작성 및 지급 은행 제출	3시간	07.14
▶ 사내 비치용 다과 구입	1시간	07.13
▶ 3차 팀워크 향상 교육 준비	3일	08.24
▶ 급여 이체의뢰서 작성 및 지급 은행 제출	3시간	08.14

• 매주 월요일 : 커피 머신 청소(30분)
  – 출근 후 시간이 충분할 경우 주간회의 시작 전에 완료할 것
• 매주 월요일 : 주간회의 준비(20분) 및 진행(40분)
  – 회의 시작 시간 : 첫째 주, 셋째 주 10시 / 둘째 주, 넷째 주 9시 30분
• 에어컨 필터 교체 기사 방문(7월 21일 14시 ~ 14시 30분 사이, 소요시간 2시간)

※ 출근 시간은 9시임
※ 업무(완수)일은 필요기간에 포함하지 않음
※ 주말에는 업무를 보지 않고, 업무(완수)일이 주말이면 금요일까지 완수함
※ 기사 방문 시 K사원은 자리를 비울 수 없음

21 다음 중 K사원이 매주 반복적으로 수행해야 하는 업무는 총 몇 가지인가?

① 2가지
② 3가지
③ 4가지
④ 5가지
⑤ 6가지

22 다음 중 K사원이 7월 1일부터 내일까지 완료해야 할 업무가 아닌 것은?

① 커피 머신 청소
② 자동문 수리 기사 방문 확인
③ 급여 이체의뢰서 작성 및 지급 은행 제출
④ 주간회의 준비 및 진행
⑤ 사내 비치용 다과 구입

23 **K사원은 업무 능력 향상을 위해 인사 · 노무 관련 교육을 이수해야 한다. 다음 중 교육 수강이 불가능한 날은?**

① 7월 18일 11:30 ~ 16:30
② 7월 19일 14:00 ~ 18:00
③ 7월 20일 09:00 ~ 14:00
④ 7월 21일 10:00 ~ 15:00
⑤ 7월 22일 11:00 ~ 16:00

24 **다음 중 K사원이 8월 첫째 주에 처리해야 하는 업무 가운데 먼저 착수해야 하는 순서대로 바르게 나열한 것은?**

① 주간회의 준비 및 진행 → 급여 계산 완료 및 결재 요청 → 커피 머신 청소 → 2차 팀워크 향상 교육 준비
② 커피 머신 청소 → 주간회의 준비 및 진행 → 2차 팀워크 향상 교육 준비 → 급여 계산 완료 및 결재 요청
③ 주간회의 준비 및 진행 → 커피 머신 청소 → 2차 팀워크 향상 교육 준비 → 급여 계산 완료 및 결재 요청
④ 커피 머신 청소 → 주간회의 준비 및 진행 → 급여 계산 완료 및 결재 요청 → 2차 팀워크 향상 교육 준비
⑤ 커피 머신 청소 → 급여 계산 완료 및 결재 요청 → 주간회의 준비 및 진행 → 2차 팀워크 향상 교육 준비

※ L사 직원들은 네덜란드로 해외연수를 가려고 한다. 이어지는 질문에 답하시오. [25~28]

〈이용가능 항공편 세부사항〉

항공편	출발시간(한국시각)	경유시간	소요시간	편도가격	할인행사
SP－340	2024년 5월 10일 오후 2시		11시간 50분	87만 원	왕복 구매 시 10% 할인
GE－023	2024년 5월 10일 오전 9시	5시간	10시간 30분	70만 원	
NL－110	2024년 5월 10일 오후 2시 10분		11시간 10분	85만 원	왕복 구매 시 5% 할인
KR－730	2024년 5월 10일 오후 12시		12시간 55분	88만 원	
AR－018	2024년 5월 10일 오후 1시		12시간 50분	90만 원	10인 이상 구매 시 총금액에서 15% 할인
OL－038	2024년 5월 10일 오전 10시 30분	3시간	10시간 30분	80만 원	

조건

- 해외연수를 떠나는 직원은 총 10명이다.
- 네덜란드와 한국의 시차는 8시간이며 한국이 더 빠르다.
- 왕복 항공권 가격은 편도가격의 2배와 같다.
- 소요시간에 경유시간은 포함되지 않는다.

25 다음 중 네덜란드와 한국 간 왕복 항공편을 예매할 때, 가장 저렴한 비용으로 이용할 수 있는 항공편은?

① SP－340
② GE－023
③ NL－110
④ KR－730
⑤ AR－018

26 해외연수 첫째 날 네덜란드 현지시각으로 2024년 5월 10일 오후 5시에 네덜란드 농민과의 만찬이 예정되어 있다면, 다음 중 이용해야 하는 항공편은?(단, 가능한 항공편 중 경유시간이 짧은 항공편을 선택하며, 네덜란드 공항에서 만찬 장소까지 5분이 소요된다)

① SP－340
② GE－023
③ NL－110
④ KR－730
⑤ AR－018

27 일정이 변경되어 네덜란드 현지시각으로 2024년 5월 10일 오후 4시에 네덜란드 공항에서 연수담당자를 만나기로 했다. 다음 중 이용할 수 있는 항공편은?(단, 다른 이동시간은 모두 무시한다)

① GE – 023
② NL – 110
③ KR – 730
④ AR – 018
⑤ OL – 038

28 L사에서 공항까지 40km/h의 속력으로 갈 때와 45km/h의 속력으로 갈 때 걸리는 시간차는 10분이다. 다음 중 L사에서 공항까지의 거리는?

① 50km
② 60km
③ 70km
④ 80km
⑤ 90km

※ 다음은 L사의 회의에 사용될 '블라인드 채용'에 대한 글이다. 이어지는 질문에 답하시오. [29~32]

인사 담당자 또는 면접관이 지원자의 학벌, 출신 지역, 스펙 등을 평가하는 기존 채용 방식에서는 기업 성과에 필요한 직무능력 외 기타요인에 의한 불공정한 채용이 만연했다. 한 설문조사에서 구직자의 77%가 불공정한 채용 평가를 경험한 적이 있다고 답했으며, 그에 따라 대다수의 구직자들은 기업의 채용 공정성을 신뢰하지 않는다고 응답했다. 이러한 스펙 위주의 채용으로 기업, 취업 준비생 모두에게 시간적 · 금전적 비용이 과잉 발생하게 되었고, 직무에 적합한 인성 · 역량을 보여줄 수 있는 제도인 블라인드 채용이 대두되기 시작했다.

블라인드 채용이란 입사지원서, 면접 등의 채용 과정에서 편견이 개입돼 불합리한 차별을 초래할 수 있는 출신지, 가족관계, 학력, 외모 등의 항목을 걷어내고 실력, 즉 직무 능력만으로 인재를 평가해 채용하는 방식이다. 서류 전형은 없애거나 블라인드 지원서로 대체하고, 면접 전형은 블라인드 오디션 또는 면접으로 진행함으로써 실제 지원자가 가진 직무 능력을 가릴 수 있는 요소들을 배제하고 직무에 적합한 지식, 기술, 태도 등을 종합적으로 평가한다. 서류 전형에서는 모든 지원자에게 공정한 기회를 제공하고, 필기 및 면접 전형에서는 기존에 열심히 쌓아온 실력을 검증한다. 또한 지원자가 쌓은 경험과 능력, 학교생활을 하며 양성한 지식, 경험, 능력 등이 모두 평가 요소이기에 그간의 노력이 저평가되거나 역차별 요소로 작용하지 않는다.

블라인드 채용의 서류 전형은 무서류 전형과 블라인드 지원서 전형으로 구분된다. 무서류 전형은 채용 절차 진행을 위한 최소한의 정보만을 포함한 입사지원서를 접수하되 이를 선발 기준으로 활용하지 않는 방식이다. 블라인드 지원서 전형에는 입사지원서에 최소한의 정보만 수집하여 선발 기준으로 활용하는 방식과 블라인드 처리되어야 할 정보까지 수집하되 온라인 지원서상 개인정보를 암호화하거나 서면 이력서상 마스킹 처리를 하는 등 채용담당자는 볼 수 없도록 기술적으로 처리하는 방식이 있다. 면접 전형의 블라인드 면접에는 입사지원서, 인 · 적성검사 결과 등의 자료 없이 면접을 진행하는 무자료 면접 방식과 면접관의 인지적 편향을 유발할 수 있는 항목을 제거한 자료를 기반으로 면접을 진행하는 방식이 있다. 이와 달리 블라인드 오디션은 오디션으로 작업 표본, 시뮬레이션 등을 수행하도록 함으로써 지원자의 능력과 기술을 평가하는 방식이다.

한편 ㉠ <u>기존 채용</u>, ㉡ <u>국가직무능력표준(NCS) 기반 채용</u>, ㉢ <u>블라인드 채용</u>의 3가지 채용 모두 채용 공고, 서류 전형, 필기 전형, 면접 전형 등으로 채용 프로세스는 같지만 전형별 세부 사항과 취지에 차이가 있다. 기존의 채용은 기업이 지원자에게 자신이 인재임을 스스로 증명하도록 요구해 무분별한 스펙 경쟁을 유발했던 반면, NCS 기반 채용은 기업이 직무별로 원하는 요건을 제시하고 지원자가 자신의 준비 정도를 증명해 목표 지향적인 능력 · 역량 개발을 촉진한다. 블라인드 채용은 선입견을 품을 수 있는 요소들을 전면 배제해 실력과 인성만으로 평가받도록 구성한 것이다.

29 다음 중 '블라인드 채용'의 등장 배경으로 적절하지 않은 것은?

① 대다수의 구직자들은 기존 채용 방식의 공정성을 신뢰하지 못했다.
② 기존 채용 방식으로는 지원자의 직무에 적합한 인성 · 역량 등을 제대로 평가할 수 없었다.
③ 구직자의 77%가 불공정한 채용 평가를 경험했을 만큼 불공정한 채용이 만연했다.
④ 스펙 위주의 채용으로 인해 취업 준비생에게 시간적 · 금전적 비용이 과도하게 발생하였다.
⑤ 지원자의 직무 능력을 가릴 수 있는 요소들을 배제하는 기존의 방식이 불합리한 차별을 초래했다.

30 다음 중 '블라인드 채용'에 대해 이해한 내용으로 가장 적절한 것은?

① 무서류 전형에서는 입사지원서를 제출할 필요도 없겠어.
② 블라인드 온라인 지원서의 암호화된 개인정보는 채용담당자만 볼 수 있어.
③ 별다른 자료 없이 진행되는 무자료 면접의 경우에도 인·적성검사 결과는 필요하군.
④ 블라인드 면접관은 선입견을 유발하는 항목이 제거된 자료를 기반으로 면접을 진행하기도 해.
⑤ 서류 전형을 없애면 기존에 쌓아온 능력·지식·경험 등은 아무런 쓸모가 없겠어.

31 다음 중 윗글의 ㉠~㉢에 대한 설명으로 적절하지 않은 것은?

① ㉠의 경우 기업은 지원자에게 자신이 적합한 인재임을 스스로 증명하도록 요구한다.
② ㉠~㉢은 모두 채용 공고, 서류 전형, 필기 전형, 면접 전형 등의 동일한 채용 프로세스로 진행된다.
③ ㉡은 ㉠과 달리 기업이 직무별로 필요한 조건을 제시하면 지원자는 이에 맞춰 자신의 준비 정도를 증명해야 한다.
④ ㉢은 선입견 요소들을 모두 배제하여 지원자의 실력과 인성만을 평가한다.
⑤ ㉠과 ㉡은 지원자가 자신의 능력을 증명해야 하므로 지원자들의 무분별한 스펙 경쟁을 유발한다.

32 L사의 A~F 6개의 팀은 월요일부터 토요일까지 하루에 두 팀씩 함께 채용 관련 회의를 진행한다. 다음 〈조건〉을 바탕으로 할 때 반드시 참인 것은?(단, 월요일부터 토요일까지 팀별 회의 진행 횟수는 같다)

조건

- 오늘은 목요일이고 A팀과 F팀이 함께 회의를 진행했다.
- B팀은 A팀과 연이은 요일에 회의를 진행하지 않는다.
- B팀은 오늘을 포함하여 이번 주에는 더 이상 회의를 진행하지 않는다.
- C팀은 월요일에 회의를 진행했다.
- D팀과 C팀은 이번 주에 B팀과 1번씩 회의를 진행한다.
- A팀과 F팀은 이번 주에 이틀을 연이어 함께 회의를 진행한다.

① E팀은 수요일과 토요일 하루 중에만 회의를 진행한다.
② 화요일에 회의를 진행한 팀은 B팀과 E팀이다.
③ C팀과 E팀은 함께 회의를 진행하지 않는다.
④ C팀은 월요일과 수요일에 회의를 진행했다.
⑤ F팀은 목요일과 금요일에 회의를 진행한다.

※ 다음은 L사 에너지관리부서의 교육 자료이다. 이어지는 질문에 답하시오. [33~36]

(가) 이러한 세계적인 추세와는 다르게 우리나라 국가 정책에서 천연가스의 역할은 그 잠재력이 충분히 발현되지 못하는 방향으로 진행되고 있어 우려가 높아지고 있다. 우리나라는 거의 모든 천연가스를 수입에 의존하고 있기 때문에 가스 부국들의 에너지 환경을 그대로 적용하기에는 무리가 있다. 여기에 저유가 기조, 글로벌 LNG 가격의 하락, 국제 및 국내 가스 수요의 둔화 등 급변하는 에너지 시장의 여건도 고려해야 할 과제에 포함된다.

(나) 그러나 이러한 난제들이 신기후체제에서 천연가스의 역할에 대한 기대를 본질적으로 바꿀 수는 없을 것이다. 국가의 에너지 선택은 경제성장, 수급 여건, 인프라, 연관 산업 등과 광범위하고도 매우 밀접한 영향을 주고받는다. 이러한 이유로 단시간 내에 한 국가의 에너지 정책에 있어 획기적인 변화의 예는 찾아보기 어려웠다. 이제 그 어려운 에너지 선택에서 신기후체제라는 새로운 제약조건이 국제 사회의 전면에서 부각되고 있는 것이다. 파리협약 타결 초기에 팽배했던 국제사회의 동조와 자발적인 참여 등 협약의 이행상 구속력에 대한 불투명성이 빠른 속도로 해소되고 있다. 우리나라가 이미 표방한 온실가스 감축 목표 달성이 전제되는 한, 국가 에너지 정책상 선택은 더 이상 석탄이냐 가스냐 하는 양자택일의 문제를 넘어선지 오래이다. 수급 안정성과 경제성 측면에서 천연가스의 역할에 대한 잠재력을 최대한 실현하는 정책의지와 구체적인 이행 방안이 위에서 언급한 여러 에너지 정책에 효과적으로 반영되어야 할 것이다.

(다) 천연가스가 화석연료라는 큰 틀에서 공통의 감축 대상임은 분명하지만, 천연가스는 석유와 석탄 대비 오염물질과 온실가스 배출량이 낮고, 발전소 건설이 용이하며, 운영상의 부하추종이 용이하다는 경쟁력이 있다. 천연가스가 온실가스 배출량 감축의 실행적인 측면에서 석유, 석탄 등 기존의 주요 화석에너지를 대체하는 에너지원이라는 점이 미국, EU 등 주요국의 사례에서 확인되고 있다. 이런 이유로 새로이 시작되는 신기후체제에서 석탄을 가스로 대체하려는 움직임은 당연한 방향으로 여겨지고 있다. 또한 궁극적으로 신재생에너지로의 전환과정에서 필수불가결한 ________을 담당하는 에너지원으로써 국가에너지믹스에서의 역할이 기대되고 있다.

33 다음 중 윗글을 논리적 순서대로 바르게 나열한 것은?

① (가) – (나) – (다)
② (나) – (가) – (다)
③ (나) – (다) – (가)
④ (다) – (가) – (나)
⑤ (다) – (나) – (가)

34 다음 중 윗글의 빈칸에 들어갈 말로 가장 적절한 것은?

① 심의 역할
② 가교 역할
③ 대체 역할
④ 리더 역할
⑤ 필수 역할

35 다음 중 윗글의 주제로 가장 적절한 것은?

① 신재생에너지로써의 천연가스
② 신기후체제에 맞선 천연가스의 반란
③ 화석연료의 오해와 진실
④ 국가에너지믹스에서 천연가스의 역할
⑤ 신기후체제의 신재생에너지

36 L사 에너지관리부서의 A부장은 이번 주 교육이 끝나고 막간을 이용해 한자성어 몇 가지를 교육할 생각이다. A부장이 정리한 다음 내용 중 수정이 필요한 것은?

① 겉과 속이 너무 다른 사람은 가까이 하지 말아야 해. – 부화뇌동(附和雷同)
② 전부터 사려던 물건이라서 관심을 보였더니 받을 수 있는 혜택들이라면서 엄청 강조하다가 막상 사려고 결정하니까 말을 은근슬쩍 바꾸는 거 있지. – 조삼모사(朝三暮四)
③ 자기의 속마음까지 알아주는 친구가 있다는 것은 정말 행복한 거야. – 지음(知音)
④ 손바닥 뒤집듯이 말을 쉽게 바꾸는 것은 매우 나쁜 습관이야. – 여반장(如反掌)
⑤ 힘들어도 참고 견디더니 잘 돼서 진짜 다행이야. – 고진감래(苦盡甘來)

※ L사 영업팀 직원 A～G 7명은 연수원으로 워크숍을 가게 되었다. 연수원 1층에 방 3개, 2층에 방 2개를 빌렸고 방 배정기준은 다음과 같다. 이어지는 질문에 답하시오. **[37~40]**

〈연수원 방 배정기준〉

- 1인용 방은 꼭 혼자 사용해야 하고, 2인용 방은 혼자 또는 2명이 사용할 수 있다.
- 1인용 방은 각 층에 하나씩 있으며, D와 F가 사용한다.
- A와 F는 2층을 사용한다.
- B와 G는 같은 방을 사용한다.
- C와 E는 다른 층을 사용한다.

37 다음 중 A와 방을 함께 쓸 사람은?

① B 또는 G
② C 또는 E
③ C 또는 F
④ F 또는 D
⑤ E 또는 G

38 E가 1층을 사용할 경우, C는 몇 층에서 누구와 방을 함께 쓰는가?

① 1층－B
② 1층－G
③ 1층－혼자
④ 2층－A
⑤ 2층－F

39 다음 중 1층을 사용하는 인원수는?

① 2명
② 3명
③ 4명
④ 5명
⑤ 알 수 없음

40 다음 중 2층을 사용하는 인원수는?

① 1명
② 2명
③ 3명
④ 4명
⑤ 알 수 없음

시대에듀

M E M O

앞선 정보 제공! 도서 업데이트

언제, 왜 업데이트될까?

도서의 학습 효율을 높이기 위해 자료를 추가로 제공할 때!
공기업 · 대기업 필기시험에 변동사항 발생 시 정보 공유를 위해!
공기업 · 대기업 채용 및 시험 관련 중요 이슈가 생겼을 때!

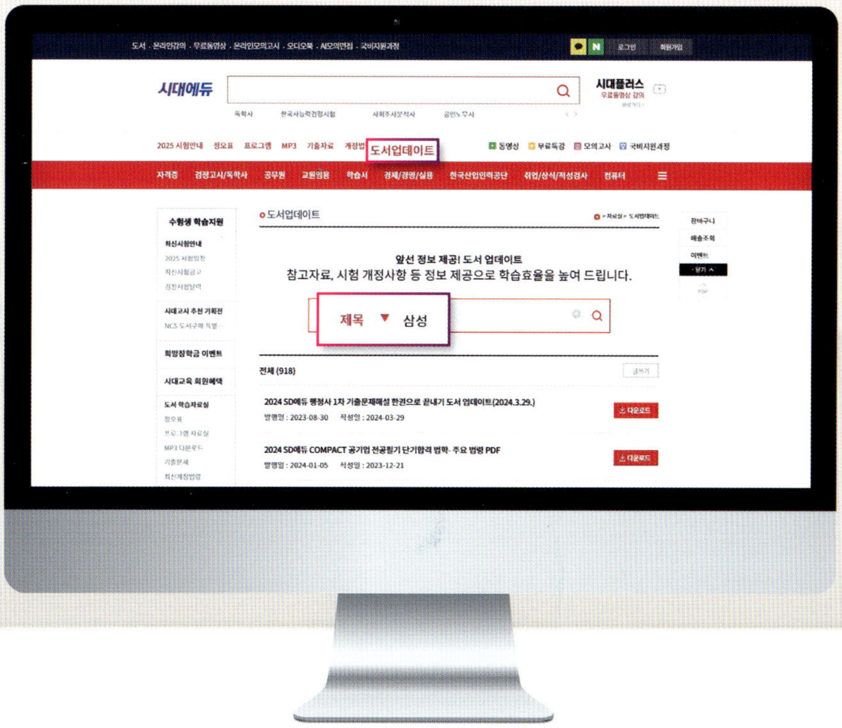

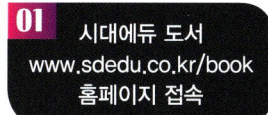

01 시대에듀 도서 www.sdedu.co.kr/book 홈페이지 접속

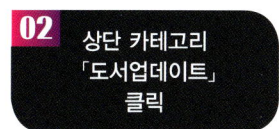

02 상단 카테고리 「도서업데이트」 클릭

03 해당 기업명으로 검색

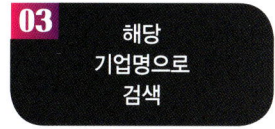

참고자료, 시험 개정사항 등 정보 제공으로 학습효율을 높여 드립니다.

2026
최신판

사이다 기출응용
모의고사 시리즈

사이다

사일 동안
이것만 풀면
다 합격!

판매량
1위
YES24 롯데그룹 부문

롯데그룹 온라인 L-TAB

4회분 | 정답 및 해설

[합격시대]
온라인 모의고사
무료쿠폰

도서 동형
온라인 실전연습
서비스

10대기업
면접 기출
질문 자료집

SDC는 시대에듀 데이터 센터의 약자로 약 30만 개의 NCS · 적성 문제 데이터를 바탕으로 최신 출제경향을 반영하여 문제를 출제합니다.

편저 | SDC(Sidae Data Center)

시대에듀

기출응용 모의고사

정답 및 해설

도서 동형 온라인 모의고사 무료쿠폰

4회분 | ATUM-00000-9B64F

[쿠폰 사용 안내]

1. **시대에듀 홈페이지(www.sdedu.co.kr)** 접속 후 로그인합니다.
2. 홈페이지 상단 「본인 이름」 → 「마이페이지」에 접속합니다.
3. 쿠폰번호를 입력한 후 등록합니다.

* 기업별 온라인 모의고사는 「내강의실」 → 「모의고사」에서 응시 가능합니다.

※ 본 쿠폰은 등록 후 30일 이내에 사용 가능합니다.
※ 쿠폰 등록 및 응시는 윈도우 기반 PC에서만 가능합니다.
※ 모바일 및 macOS 운영체제에서는 서비스되지 않습니다.

롯데그룹 L-TAB 온라인 직무적합진단

1일 차 기출응용 모의고사 정답 및 해설

01	02	03	04	05	06	07	08	09	10	11	12	13	14	15	16	17	18	19	20
④	③	⑤	⑤	②	④	④	③	⑤	④	②	⑤	③	③	②	③	①	②	③	①
21	22	23	24	25	26	27	28	29	30	31	32	33	34	35	36	37	38	39	40
③	④	②	②	③	④	④	②	④	④	②	④	③	③	②	③	③	⑤	④	④

01

정답 ④

제시문에 따르면 행복한 가정을 이루고 싶어 하는 것은 소속과 애정의 욕구로 볼 수 있다.

오답분석

① 첫 번째 단계인 생리적 욕구에 해당한다.
② 두 번째 문단을 통해 확인할 수 있다.
③ 네 번째 문단을 통해 확인할 수 있다.
⑤ 마지막 문단을 통해 확인할 수 있다.

02

정답 ③

제시문에 따르면 노후 대비를 위해 연금보험에 가입한 것은 경제적 위험으로부터 보호받고 싶어 하는 안전 욕구로 볼 수 있다.

오답분석

① 자아실현 욕구의 사례이다.
② 생리적 욕구의 사례이다.
④ 소속과 애정의 욕구의 사례이다.
⑤ 존경 욕구의 사례이다.

03

정답 ⑤

10인 단체 티켓의 가격은 $10\times16,000\times0.75=120,000$원이다.
놀이공원에 방문하는 부서원의 수를 x명이라고 할 때, 부서원이 10명 이상이라면 10인 단체 티켓 1장과 개인 티켓을 구매하는 방법이 있고, 10인 단체 티켓 2장을 구매하는 방법이 있다.
이때 단체 티켓 2장을 구매하는 것이 더 유리하기 위해서는 $16,000\times(x-10)>120,000$을 만족해야 하므로 $x>17.5$이다.
따라서 부서원이 18명 이상일 때 10인 단체 티켓 2장을 구매하는 것이 더 유리하다.

04

정답 ⑤

첫 번째 명제에서 A직원이 B직원보다 먼저 먹거나 A직원과 B직원이 같이 먹는 두 가지의 경우가 가능하다.

i) A직원이 B직원보다 먼저 먹는 경우

C직원과 D직원은 세 번째 명제에 따라 각각 12시, 1시 팀이 되고, 마지막 명제에서 E직원은 F직원보다 먼저 먹으므로 E직원과 F직원도 각각 12시, 1시 팀이 될 것이다. 그러므로 12시 팀은 A, C, E직원이고, 1시 팀은 B, D, F직원이다.

ii) A직원과 B직원이 같이 먹는 경우

– A직원과 B직원이 12시에 먹는 경우

C직원과 D직원은 각각 12시, 1시 팀이 되고, E직원과 F직원도 각각 12시, 1시 팀이 된다. 그러므로 12시 팀은 A, B, C, E직원이고, 1시 팀은 D, F직원이다.

– A직원과 B직원이 1시에 먹는 경우

두 번째 명제에서 C직원은 A직원과 함께 먹으므로 C직원은 1시 팀, D직원은 12시 팀이 되고, E직원과 F직원은 각각 12시, 1시 팀이 된다. 그러므로 12시 팀은 D, E직원이고, 1시 팀은 A, B, C, F직원이다.

따라서 A직원이 1시에 먹는다면 1시 팀은 4명, 12시 팀은 2명이 되므로 1시 팀 인원이 더 많다.

오답분석

① A직원과 B직원은 같이 먹을 수도 있다.
② i)의 경우, B직원과 C직원은 다른 시간에 먹는다.
③ ii)의 경우, A직원과 B직원이 1시에 먹는 경우 D직원과 F직원은 서로 다른 시간에 먹는다.
④ i)의 경우, 12시 팀과 1시 팀의 인원수는 같다.

05

정답 ②

김어진 대리가 메일에 첨부한 파일은 사내 에너지 절약을 위해 개별 단위로 실천할 수 있는 행동을 담은 포스터로, 김대리는 이를 개인 책상 앞에 부착하도록 권유하였다. 따라서 개인적인 공간에서 실천할 수 있는 ②의 내용이 포스터에 포함될 내용으로 가장 적절하다.

오답분석

①·③·④·⑤ 공공장소에 실천할 수 있는 공동 단위의 에너지 절약 실천 행동이다.

06

정답 ④

제시된 다섯 가지 내용을 차례대로 기호화하면 다음과 같다.

A－C, A－B－D, B&D－C, D－E, A－E－C

이를 정리하면 진행 순서는 'A－B－D－E－C'이다.

따라서 세 번째로 워크숍을 진행하는 부서는 D부서이다.

07

정답 ④

예약한 방의 개수를 x개라고 가정하자. 주어진 내용을 바탕으로 워크숍에 참여하는 총인원에 대한 방정식을 세우면 다음과 같다.

$5x+9=7(x-3)$

$\rightarrow 5x+9=7x-21$

$\rightarrow 2x=30$

$\therefore\ x=15$

따라서 예약한 방의 개수는 15개이며, 워크숍을 가는 총사원 수는 $5\times15+9=84$명이다.

08

정답 ③

메일에서는 영업팀 실적 미입력자의 인트라넷 영업실적 입력을 요청하고 있다. 따라서 영업2팀의 실적을 수기 입력한 파일을 송부하는 ③은 메일의 내용과 관련이 없다.

09

정답 ⑤

주어진 내용에 따라 시각별 고객 수의 변화 및 함께 온 일행이 앉은 테이블을 정리하면 다음과 같다.

(단위 : 명)

시각	새로운 고객	기존 고객	시각	새로운 고객	기존 고객
09:20	2(2인용)	0	15:10	5(6인용)	4(4인용)
10:10	1(4인용)	2(2인용)	16:45	2(2인용)	0
12:40	3(4인용)	0	17:50	5(6인용)	0
13:30	5(6인용)	3(4인용)	18:40	6(퇴장)	5(6인용)
14:20	4(4인용)	5(6인용)	19:50	1(2인용)	0

오후 3시 15분에는 오후 3시 10분에 입장하여 6인용 원탁에 앉은 5명의 고객과 오후 2시 20분에 입장하여 4인용 원탁에 앉은 4명의 고객까지 총 9명의 고객이 카페에 앉아 있다.

10

정답 ④

주어진 내용에 따라 시각별 고객 수의 변화 및 함께 온 일행이 앉은 테이블을 정리하면 09번 해설의 표와 같다.

ㄴ. 오후 6시 40분에 입장한 일행은 6인용 원탁에만 앉을 수 있으나, 5시 50분에 입장한 일행이 사용 중이어서 즉시 퇴장하였다.

ㄹ. 오후 2시 정각에는 6인용 원탁에만 고객이 앉아 있다.

오답분석

ㄱ. 오후 6시에는 오후 5시 50분에 입장한 고객 5명이 있다.

ㄷ. 오전 9시 20분에 2명, 오전 10시 10분에 1명, 총 3명이 방문하였다.

11

정답 ②

어른들이 원탁에 앉는 경우의 수는 $(3-1)!=2$가지이다. 그리고 어른들 사이에 아이들이 앉는 경우의 수는 $3!=6$가지이다.

따라서 원탁에 앉을 수 있는 모든 경우의 수는 $2\times6=12$가지이다.

12

정답 ⑤

주어진 조건을 정리하면 5명이 주문한 음료는 아메리카노 3잔, 카페라테 1잔, 생과일주스 1잔이다.

아메리카노 1잔의 가격을 a원, 카페라테 1잔의 가격을 b원이라고 할 때, 다음과 같은 식이 성립한다.

- 다섯 번째를 제외한 모든 조건 : $a\times3+b+5,300=21,300 \rightarrow 3a+b=16,000$ … ㉠
- 다섯 번째 조건 : $a+b=8,400$ … ㉡

㉠과 ㉡을 연립하면 $a=3,800$, $b=4,600$이다.

따라서 아메리카노 한 잔의 가격은 3,800원, 카페라테 한 잔의 가격은 4,600원이다.

13

정답 ③

제시문에서 H로봇의 손가락에 있는 센서들은 물건이 미끄러지는 것을 감지하면 스스로 손가락의 힘을 더 키울 수 있다고 하였다. 따라서 힘을 뺀다는 내용은 적절하지 않다.

14

정답 ③

제시문의 빈칸 앞의 내용에 따르면 보편적으로 사용되는 관절 로봇은 손가락의 정확한 배치와 시각 센서 등을 필요로 한다. 그러나 빈칸 뒤에서 H로봇의 경우, 손가락이 물건에 닿을 때까지 다가가 촉각 센서를 통해 물건의 위치를 파악한 뒤 손가락을 조정한다고 하였다. 즉, H로봇의 손가락은 관절 로봇의 손가락과 달리 정밀한 위치 지정을 필요로 하지 않는다. 따라서 빈칸에 들어갈 내용으로 ③이 가장 적절하다.

오답분석

① 물건을 쥐기 위한 고가의 센서 기기 및 시각센서를 필요로 하는 관절 로봇과 달리 H로봇은 손가락의 촉각 센서로 손가락 힘을 조절하여 사물을 쥔다.
② H로봇의 손가락은 공기압을 통해 구부릴 수 있다. 하지만 기존 관절보다 쉽게 구부러지는지는 알 수 없다.
④・⑤ 물건과의 거리와 물건의 무게는 H로봇의 손가락 촉각 센서와 관계가 없다.

15

정답 ②

첫 번째, 두 번째 조건에 따라 로봇은 '3번 – 1번 – 2번 – 4번' 또는 '3번 – 2번 – 1번 – 4번' 순서로 전시되어 있으며, 사용 언어는 세 번째, 네 번째, 다섯 번째 조건에 따라 '중국어 – 영어 – 한국어 – 일본어' 또는 '일본어 – 중국어 – 영어 – 한국어' 순이다. 제시된 조건에 따라 3번 로봇은 일본어를 사용하지 않는다고 하였으므로 언어별 순서는 '중국어 – 영어 – 한국어 – 일본어' 순이다. 또한, 2번 로봇은 한국어를 사용하지 않는다고 하였으므로 '3번 – 2번 – 1번 – 4번' 순이다. 따라서 3번 로봇이 가장 왼쪽에 위치해 있다.

오답분석

① 1번 로봇은 한국어를 사용한다.
③ 4번 로봇은 일본어를 사용한다.
④ 중국어를 사용하는 3번 로봇은 영어를 사용하는 2번 로봇의 옆에 위치해 있다.
⑤ 2번 로봇은 영어를 사용한다.

16

정답 ③

주어진 내용을 표로 정리하면 다음과 같다.

구분	한국어	영어	독일어	프랑스어	중국어
A	○	○	×	×	×
B	×	○	○	×	×
C	○	×	×	○	×
D	×	×	×	○	○

따라서 B와 D는 서로 언어가 통하지 않는다.

오답분석

① A와 B는 영어로 대화할 수 있다.
② A와 C는 한국어로 대화할 수 있다.
④ C와 D는 프랑스어로 대화할 수 있다.

17

정답 ①

제시문은 비-REM수면의 수면 진행 과정을 측정되는 뇌파에 따라 4단계로 나누어 설명하고 있다.

18

정답 ②

제시문에 따르면 분당 2 ~ 5번 정도 나타나는 뇌파는 수면방추이며, 수면방추는 세타파 중간마다 마치 실이 감겨 있는 것처럼 촘촘한 파동의 모습을 보인다. 세타파 사이사이에 아래위로 삐죽하게 솟아오르는 모습을 보이는 뇌파는 K-복합체로, K-복합체의 정확한 주기는 글에서 설명하고 있지 않다.

19

정답 ③

제시문에 따라 수면 단계에서 측정되는 뇌파들을 고려할 때, 보기의 '이것'은 (다) 앞에서 설명하는 'K-복합체'임을 알 수 있다. 따라서 보기의 문장이 들어갈 곳으로 가장 적절한 것은 (다)이다.

20

정답 ①

주어진 내용의 '늦잠을 잠'을 p, '부지런함'을 q, '건강함'을 r, '비타민을 챙겨먹음'을 s라고 하면 다음과 같이 정리할 수 있다.

- $\sim p \rightarrow q$, $p \rightarrow \sim r$, $s \rightarrow r$
- $s \rightarrow r \rightarrow \sim p \rightarrow q$

따라서 '$s \rightarrow q$'는 참이 된다.

오답분석

② '$s \rightarrow q$'의 역으로, 참일 수도 있고 거짓일 수도 있다.
③ '$p \rightarrow s$'는 참인지 거짓인지 알 수 없다.
④ '$\sim p \rightarrow q$'의 이로, 참일 수도 있고 거짓일 수도 있다.
⑤ '$r \rightarrow q$'의 역으로, 참일 수도 있고 거짓일 수도 있다.

21

정답 ③

제시문에 따르면 모든 식물이 아닌 전체 식물의 90%가 피보나치 수열의 잎차례를 따르고 있다.

22

정답 ④

제시문은 피보나치 수열과 식물에서 나타나는 피보나치 수열에 대해 설명하고 있으므로 제목으로 ④가 가장 적절하다.

오답분석

① 제시문의 첫 번째 문단에 대한 내용으로, 글 전체를 포괄하는 제목으로는 적절하지 않다.
② 제시문의 두 번째 문단에 대한 내용으로, 글 전체를 포괄하는 제목으로는 적절하지 않다.
③ 제시문의 마지막 문단에 대한 내용으로, 글 전체를 포괄하는 제목으로는 적절하지 않다.
⑤ 제시문의 다섯 번째 문단에 대한 내용으로, 글 전체를 포괄하는 제목으로는 적절하지 않다.

23

정답 ②

제시문의 ㉠은 '진리, 가치, 옳고 그름 따위가 판단되어 드러나 알려지다.'의 의미로 사용되었고, ②는 '드러나게 좋아하다.'의 의미로 사용되었다.

24

정답 ②

제시문에서 설명하는 내용은 앞의 두 항의 합이 다음 항이 되는 피보나치 수열이다.
따라서 (　)=5+8=13이다.

25

정답 ③

제시문에 따르면 보험료율이 사고 발생 확률보다 높으면 구성원 전체의 보험료 총액이 보험금 총액보다 더 많고, 그 반대의 경우, 즉 사고 발생 확률이 보험료율보다 높은 경우에는 구성원 전체의 보험료 총액이 보험금 총액보다 더 적다.

26

정답 ④

- 보전(補塡) : 부족한 부분을 보태어 채움
- 보존(保存) : 잘 보호하고 간수하여 남김

오답분석

① 대처(對處) : 어떤 정세나 사건에 대하여 알맞은 조치를 취함
② 인접(隣接) : 이웃하여 있음 또는 옆에 닿아 있음
③ 상당(相當) : 일정한 액수나 수치 따위에 해당함
⑤ 예방(豫防) : 질병이나 재해 따위가 일어나기 전에 미리 대처하여 막는 일

27

정답 ④

8월 A의 실적 건수를 x건, B의 실적 건수를 y건이라고 하면 다음과 같은 식이 성립한다.
$x+y=27$ … ㉠
9월에 A의 실적 건수는 전월 대비 20% 증가한 $1.2x$건이고, B의 실적 건수는 25% 감소한 $0.75y$건이므로 다음과 같은 식이 성립한다.
$1.2x+0.75y=27 \rightarrow 8x+5y=180$ … ㉡
㉠과 ㉡을 연립하면 $x=15$, $y=12$이다.
따라서 A의 9월 실적 건수는 $1.2x=1.2\times15=18$건이다.

28

정답 ②

L보험사의 최소 서류 지원자를 x명이라고 하자. 면접을 볼 수 있는 최종 합격자 250명의 2배를 필기시험에서 뽑고, 면접시험 자격이 주어지는 인원의 4.5배수가 서류 지원자 중 필기시험에 응시할 수 있는 인원이므로 다음과 같은 식이 성립한다.
$x=250\times2\times4.5=2,250$
따라서 L보험사의 서류 지원자는 최소 2,250명이다.

29

정답 ④

제시문은 예비 조건, 진지성 조건, 기본 조건 등 화행 이론에서 말하는 발화의 적절성 조건을 설명하고 있다. (나)의 첫 문장 '발화의 적절성 판단은 상황에 의존하고 있다.'는 발화가 적절한지의 여부가 발화가 일어난 상황에 따라 달라진다는 뜻이다.

30

정답 ④

제시문은 구체적인 사례를 제시하여 발화의 적절성 조건에 대한 독자의 이해를 돕고 있다. (라)는 (다)와는 또다른 경우를 설명하고 있으므로 앞의 (다)와 대등한 관계를 이룬다.

31

정답 ②

보기 2에서 '딸'은 '아빠'가 '집보다 큰 곰 인형'을 사올 수 없다고 생각한다. 즉, 청자는 화자가 행위를 수행할 능력이 없다고 판단하고 있다. 하지만 '아들'은 '아빠'가 '집보다 큰 곰 인형'을 사올 수 있다고 생각하기에 "아빠, 나도 사 줘."라고 말하고 있다. 즉, 예비 조건을 어기지 않은 요청을 한 것이다. 그러나 '엄마'와 '할머니'가 '집보다 큰 곰 인형'이 아닌 다른 선물을 언급한 것은 '딸'의 경우처럼 '아빠'가 '집보다 큰 곰 인형'을 사올 수 없다고 생각하기 때문이며, 그러므로 예비 조건에 부합하지 않는다. 따라서 예비 조건에 대한 태도가 다른 사람은 아들이다.

32

정답 ④

주문한 피자, 치킨, 햄버거 개수를 각각 x, y, z개라고 하자(x, y, $z \geq 1$).

$x+y+z=10$ … ㉠

그리고 주문한 치킨 개수의 2배만큼 피자를 주문했으므로 다음과 같은 관계가 성립한다.

$x=2y$ … ㉡

㉠과 ㉡을 연립하면 $3y+z=10$이고, 이를 만족하는 경우는 $(y, z)=(1, 7), (2, 4), (3, 1)$이며, 이때 $x=2, 4, 6$이다.

이에 따른 x, y, z 각각의 총금액은 다음과 같다.

피자	치킨	햄버거	총금액
2개	1개	7개	10,000×2+7,000×1+5,000×7=62,000원
4개	2개	4개	10,000×4+7,000×2+5,000×4=74,000원
6개	3개	1개	10,000×6+7,000×3+5,000×1=86,000원

따라서 가장 큰 금액과 작은 금액의 차이는 86,000−62,000=24,000원이다.

33

정답 ③

제시문에 따르면 현재 충남에는 20곳의 배달점이 있으며, 정부는 올해 안으로 30곳을 추가로 설치할 계획이다.

따라서 추가로 설치될 배달점을 포함하면 올해 충남의 배달점은 총 50곳이 될 예정이다.

34

정답 ③

- 조종(操縱) : 비행기나 선박, 자동차 따위의 기계를 다루어 부림
- 방침(方針) : 앞으로 일을 치러 나갈 방향과 계획
- 소요(所要) : 필요로 하거나 요구되는 바

오답분석

- 조정(調整) : 어떤 기준이나 실정에 맞게 정돈함
- 지침(指針) : 생활이나 행동 따위의 지도적 방법이나 방향을 인도하여 주는 준칙
- 소모(消耗) : 써서 없앰

35

정답 ②

주어진 조건에 따라 주문한 내역을 표로 정리하면 다음과 같다.

구분	종류 1	색상 1	종류 2	색상 2
지영	장미꽃	분홍색	안개꽃	빨간색
민지	장미꽃	분홍색	안개꽃	흰색
진아	장미꽃	빨간색	안개꽃	빨간색
윤지	목화꽃	흰색	안개꽃	흰색

따라서 분홍색 장미꽃과 흰색 안개꽃을 받을 사람은 민지이다.

36

정답 ③

출발지에서 목적지까지의 거리를 $x$km라고 하자.

- 목적지까지 가는 데 걸리는 시간 : $\frac{x}{80}$시간
- 목적지에서 돌아오는 데 걸리는 시간 : $\frac{x}{120}$시간

$\frac{x}{80}+\frac{x}{120}\le 1$

$\rightarrow 5x\le 240$

$\therefore\ x\le 48$

따라서 목적지는 출발지에서 최대 48km 떨어져 있어야 한다.

37

정답 ③

제시된 자료의 '발급신청 단계'에서 '훈련수강 신청(훈련기관)'이라고 쓰여 있으므로 신청은 훈련받을 기관에 가서 신청함을 알 수 있다.

오답분석

① 금액 지원 부분에 대한 상세 내용은 설명하고 있지 않다.
② '구직신청을 한 만 15세 이상의 실업자'도 대상이기 때문에 가능하다.
④ '비진학 예정의 고교 3학년 재학생(소속학교장의 인정 필요)'으로 학년의 제한이 있다.
⑤ '1차 상담'에서 거주지 관할 고용센터 방문이라고 되어 있기 때문에 거주지인 사당 관할 고용센터를 방문하면 된다.

38

정답 ⑤

제시된 자료의 '제출서류'를 보면 필수항목 2개, 선택항목 4개이다. 필수항목 외에 2차 상담에서 필요한 서류를 보면 신분증, 동영상 시청확인증(출력), 본인명의 통장 3가지 서류가 추가되어 총 5개가 필요한 것을 알 수 있다.

여기에 선택항목은 4개가 있지만 김씨는 취업이 목적이기 때문에 '자영업 활동내역서(창업목적용)'는 필요하지 않다. 그러므로 선택항목은 최대 3개가 될 수 있다.

또한 2차 상담이 진행되는 동안 직업심리검사를 받아야 한다면 이를 증빙할 서류 1개가 더 필요하기 때문에 최대 $5+3+1=9$개의 서류가 필요하다.

오답분석

① 1차 기초상담은 선택사항으로 본인이 필요한 서류를 지참하여 2차 상담을 곧바로 받을 수 있다.
② 필수항목인 온라인 강좌를 듣기 위해서는 회원가입이 되어 있어야 한다.
③ 2차 상담 전에 반드시 '훈련안내 동영상'을 시청하고, 시청확인증을 출력해야 한다.
④ 2차 상담에 반드시 필요한 서류 5개[신분증, 개인정보 수집이용 동의서, 내일배움카드 발급신청서, 동영상 시청확인증(출력), 본인명의 통장(S은행, N은행, W은행, J은행, P은행 중 1개)]와 2차 상담에서 직업심리검사를 받아야 한다면 이를 증빙할 서류 1개[직업심리검사(고용센터에서 요구한 경우)]가 필요하므로 총 6개를 제출해야 한다.

39

정답 ④

작년 남자 사원 채용 인원수를 x명, 여자 사원 채용 인원수를 y명이라고 하면 다음과 같은 식이 성립한다.

$x+y=500$ … ㉠

$0.9x+1.4y=500\times 1.08 \rightarrow 0.9x+1.4y=540$ … ㉡

㉠과 ㉡을 연립하면 $x=320$, $y=180$이다.

따라서 작년 남자 사원의 채용 인원수는 320명이다.

40

정답 ④

지하철에는 D를 포함한 2명이 타는데, B가 탈 수 있는 교통수단은 지하철뿐이므로 지하철에는 B와 D가 타며, 둘 중 1명은 라 계열사에 지원했다. 또한, 어떤 교통수단을 선택해도 지원한 계열사에 갈 수 있는 E는 버스와 택시로 서로 겹치는 계열사인 가 계열사에 지원했음을 알 수 있다. 한편, A는 다 계열사에 지원했고 버스와 택시를 타야 하는데, 택시를 타면 다 계열사에 갈 수 없으므로 A는 버스를 탄다. 따라서 C는 나 또는 마 계열사에 지원했음을 알 수 있으며, 택시를 타면 갈 수 있는 계열사 중 가 계열사를 제외하면 버스로 갈 수 있는 계열사와 겹치지 않으므로, C는 택시를 이용한다.

롯데그룹 L-TAB 온라인 직무적합진단

2일 차 기출응용 모의고사 정답 및 해설

01	02	03	04	05	06	07	08	09	10	11	12	13	14	15	16	17	18	19	20
②	③	④	③	③	④	①	④	③	④	①	③	①	③	④	⑤	②	①	④	④
21	22	23	24	25	26	27	28	29	30	31	32	33	34	35	36	37	38	39	40
③	②	①	④	③	②	⑤	②	⑤	③	④	④	③	②	④	③	②	⑤	①	③

01

정답 ②

공간 이론의 기초적인 내용으로, 제시문의 첫 번째와 두 번째 문단을 통해 알 수 있다.

오답분석

① 초기 사회심리학 이론은 투표 선택이 일관적 이념에 의하지 않으나 오히려 투표 선택은 일관적이라는 문제의식에서 발생한 이론이다.
③ 후기 공간 이론에서 초기 근접 이론과 방향이론 간의 이견이 해소되었다는 것은 글에서 찾아볼 수 없고, 각 이론이 자기 방향성을 유지하면서 개량되었을 뿐이다.
④ 후기 공간 이론은 기존 공간 이론보다 이념의 중요성을 낮추고 심리학적 입장을 수용하였다.
⑤ 후기 공간 이론이 정당 일체감을 받아들이기는 하였지만 이것이 합리적이라고 보았다는 근거는 글에서 찾을 수 없다. 또한 정당 일체감은 세련된 유권자 가설을 입증하는 도구가 아니라 오히려 정당 일체감이라는 심리적 개념을 받아들였음에도 불구하고 세련된 유전자 가설을 무리 없이 입증해 왔다고 해석하는 것이 타당하다.

02

정답 ③

- 7명의 후보자가 원탁에 앉는 경우의 수 : $(7-1)!=6!$가지
- 7명의 후보자 중 여성 후보 3명이 원탁에 이웃하여 앉는 경우의 수 : $(5-1)!\times 3!$가지

따라서 7명의 후보자 중 여성 후보 3명이 원탁에 이웃하여 앉을 확률은 $\frac{4!\times 3!}{6!}=\frac{1}{5}$이다.

03

정답 ④

마지막 조건을 제외한 모든 조건과 그 대우를 기호화하면 다음과 같다.

- $\sim(D\vee G) \rightarrow F$ / $\sim F \rightarrow (D\wedge G)$
- $F \rightarrow \sim E$ / $E \rightarrow \sim F$
- $\sim(B\vee E) \rightarrow \sim A$ / $A \rightarrow (B\wedge E)$

마지막 조건에 따라 A가 투표를 하였으므로, 세 번째 조건의 대우에 의해 B와 E 모두 투표를 하였다. 또한 E가 투표를 하였으므로 두 번째 조건의 대우에 따라 F는 투표하지 않았으며, F가 투표하지 않았으므로 첫 번째 조건의 대우에 따라 D와 G는 투표하였다. A, B, D, E, G 5명이 모두 투표하였으므로 네 번째 조건에 따라 C는 투표하지 않았다. 따라서 투표를 하지 않은 사람은 C와 F이다.

04

정답 ③

팀장의 나이를 x세라고 했을 때, 과장의 나이는 $(x-4)$세, 대리는 31세, 사원은 25세이다. 과장과 팀장의 나이 합이 사원과 대리의 나이 합의 2배이므로 다음과 같은 식이 성립한다.

$x+(x-4)=2\times(31+25)$

→ $2x-4=112$

$\therefore\ x=58$

따라서 팀장의 나이는 58세이다.

05

정답 ③

제시된 자료에 따르면 일반인은 3개 이내의 관광상품 아이디어가 대상이기 때문에 한두 개만 제출해도 된다.

오답분석

① 문화체육관광부, 한국관광공사가 주최하는 공모전이다.
② 해외 소재의 한국관광상품 개발 및 판매 여행사만 참여 가능하다.
④ 여행사 기획상품은 해외지사를 통해 홍보될 예정이다.
⑤ 상품의 독창성, 상품개발의 체계성뿐만 아니라 가격의 적정성도 평가 기준에 속한다.

06

정답 ④

제시된 자료에 따르면 공모전의 추진 목적은 지속가능하며 한국관광에 기여할 수 있는 상품의 개발이므로 '면세점 명품쇼핑 투어'는 추진 목적에 따른 상품기획 소재로 적절하지 않다.

07

정답 ①

대상 수상자 1명에게 지급될 금액을 x원이라고 하자.

이때, 최우수상 1명에게 지급될 금액은 $\frac{1}{2}x$원, 우수상 1명에게 지급될 금액은 $\frac{1}{2}x\times\frac{2}{3}=\frac{1}{3}x$원이다.

$5x+10\times\frac{1}{2}x+15\times\frac{1}{3}x=45,000,000$

→ $15x=45,000,000$

$\therefore\ x=3,000,000$

따라서 대상 1명에게 지급될 금액은 300만 원이다.

08

정답 ④

주어진 조건을 표로 정리해 보면 다음과 같다.

구분	미국	영국	중국	프랑스
올해	D	C	B	A
작년	C	A	D	B

따라서 'B가 작년에 파견된 국가는 프랑스이다.'는 반드시 참이다.

09

정답 ③

L사의 모든 컴퓨터는 점검 또는 수리만 하였기 때문에 컴퓨터 수와 맡긴 업체의 비용을 계산하면 알 수 있다. 3월은 다 업체가 맡았고, 총비용이 2,000,000원, 컴퓨터 수가 25대이기 때문에 컴퓨터 1대당 80,000원의 비용이 드는 수리를 하였다.

10

정답 ④

가 업체가 수리 및 점검을 담당한 것은 1월과 4월이다.

- 1월 근무 시간(수리) : 컴퓨터 수(15대)×시간(40분)=600분
- 4월 근무 시간(점검) : 컴퓨터 수(5대)×시간(30분)=150분

따라서 총 750분을 일하였으므로 A직원은 12시간 30분에 해당하는 금액인 30,000×12+30,000×0.5=375,000원을 받게 된다.

11

정답 ①

B사원은 월～금요일까지만 근무하므로 A사원이 7월 중 월～금요일에 근무한 날이 함께 근무한 날이다.

A사원은 이틀간 근무하고 하루 쉬기를 반복하므로 7월에 일하는 경우는 3가지이다.

- A사원이 6월 30일에 쉬고, 7월 1일부터 근무하는 경우 : 7월에 21일을 근무하게 된다. (×)
- A사원이 6월 29일에 쉬고, 6월 30일과 7월 1일에 근무하는 경우 : 7월에 21일을 근무하게 된다. (×)
- A사원이 7월 1일에 쉬고, 7월 2일부터 근무하는 경우 : 7월에 20일을 근무하게 된다. (○)

〈7월 달력〉

일	월	화	수	목	금	토
	1	2	3	4	5	6
7	8	9	10	11	12	13
14	15	16	17	18	19	20
21	22	23	24	25	26	27
28	29	30	31			

따라서 A사원이 7월 2일부터 근무하는 경우 월～금요일까지 15일을 근무하므로 A사원과 B사원이 7월에 함께 근무한 날은 총 15일이다.

12

정답 ③

주어진 조건에 따라 4명의 직원이 함께 탄 5인승 택시의 자리를 정리하면 다음과 같다.

- 경우 1

<table>
<tr><td colspan="3">택시 운전기사</td><td colspan="3">• 소속 : 디자인팀
• 직급 : 과장
• 신발 : 노란색</td></tr>
<tr><td colspan="2">• 소속 : 연구팀
• 직급 : 대리
• 신발 : 흰색 또는 연두색</td><td colspan="2">• 소속 : 홍보팀
• 직급 : 부장
• 신발 : 검은색</td><td colspan="2">• 소속 : 기획팀
• 직급 : 사원
• 신발 : 흰색 또는 연두색</td></tr>
</table>

- 경우 2

<table>
<tr><td colspan="3">택시 운전기사</td><td colspan="3">• 소속 : 디자인팀
• 직급 : 과장
• 신발 : 노란색</td></tr>
<tr><td colspan="2">• 소속 : 기획팀
• 직급 : 사원
• 신발 : 흰색 또는 연두색</td><td colspan="2">• 소속 : 홍보팀
• 직급 : 부장
• 신발 : 검은색</td><td colspan="2">• 소속 : 연구팀
• 직급 : 대리
• 신발 : 흰색 또는 연두색</td></tr>
</table>

따라서 '과장은 노란색 신발을 신었다.'는 항상 참이 된다.

오답분석

① 택시 운전기사 바로 뒤에는 사원 또는 대리가 앉을 수 있다.
② 부장은 뒷좌석 가운데에 앉는다.
④ 부장 옆에는 대리와 사원이 앉는다.
⑤ 사원은 흰색 또는 연두색 신발을 신었다.

13

정답 ①

필기점수와 면접점수의 합을 바탕으로 순위를 구하면 다음과 같다. 이때, 동점자일 경우 면접점수가 높은 신입직원이 먼저 배정된다.

(단위 : 점, 위)

구분	필기점수	면접점수	합계	순위
A사원	70	40	110	10
B사원	90	80	170	3
C사원	60	70	130	8
D사원	100	50	150	4
E사원	80	90	170	2
F사원	80	100	180	1
G사원	50	60	110	9
H사원	60	80	140	5
I사원	70	70	140	6
J사원	90	50	140	7

순위를 바탕으로 1지망을 배정하면 다음과 같다.

구분	1지망	2지망	추천부서	배정부서
F사원	개발부	영업부	홍보부	개발부
E사원	홍보부	총무부	총무부	홍보부
B사원	개발부	총무부	사업부	개발부
D사원	영업부	홍보부	개발부	영업부
H사원	총무부	사업부	영업부	총무부
I사원	홍보부	개발부	총무부	홍보부
J사원	홍보부	영업부	총무부	–
C사원	영업부	개발부	영업부	영업부
G사원	영업부	사업부	사업부	–
A사원	개발부	사업부	홍보부	–

1지망에 배정된 인원을 제외하고 2지망에 배정하면 다음과 같다.

구분	1지망	2지망	추천부서	배정부서
J사원	홍보부	영업부	총무부	–
G사원	영업부	사업부	사업부	사업부
A사원	개발부	사업부	홍보부	사업부

마지막으로 J사원은 추천부서인 총무부에 배정이 된다.
따라서 두 번째 표를 통해 B사원은 개발부에 배정되는 것을 알 수 있다.

14

정답 ③

신입직원별 추천부서와 배정부서를 정리하면 다음과 같다.

구분	추천부서	배정부서
A사원	홍보부	사업부
B사원	사업부	개발부
C사원	영업부	영업부
D사원	개발부	영업부
E사원	총무부	홍보부
F사원	홍보부	개발부
G사원	사업부	사업부
H사원	영업부	총무부
I사원	총무부	홍보부
J사원	총무부	총무부

따라서 C사원과 G사원, J사원의 추천부서와 배정부서가 일치한다.

15

정답 ④

4명의 평균점수가 80점이므로 총점은 $80\times4=320$점이다.
따라서 B사원의 점수는 $320-231=89$점이다.

16

정답 ⑤

영업부와 개발부에서 S등급과 C등급에 배정되는 인원은 같고, A등급과 B등급의 인원이 영업부가 개발부보다 2명씩 적다.
따라서 두 부서의 총상여금 차이는 $(420\times2)+(330\times2)=1,500$만 원이다.

오답분석

①·③ 개발부와 영업부의 등급별 배정인원은 다음과 같다.

(단위 : 명)

구분	S등급	A등급	B등급	C등급
개발부	2	5	6	2
영업부	2	3	4	2

② A등급 1인당 상여금은 B등급 상여금보다 $\frac{420-330}{330}\times100 ≒ 27.3\%$ 많다.

④ 개발부의 15명에게 지급되는 총금액은 $(500\times2)+(420\times5)+(330\times6)+(290\times2)=5,660$만 원이다.

17

정답 ②

제시문에 따르면 국가기술자격 취득자 수는 20××년을 제외하고 그 수가 매년 증가하여 20△△년 530,200명에서 20□□년 670,178명으로 5년 동안 26.4%가 늘어났다. 따라서 20××년은 제외되므로 5년 동안 매년 증가하고 있다는 ②는 글의 내용으로 적절하지 않다.

18

정답 ①

'나침판'과 '나침반'은 모두 표준어이기 때문에 ㉠은 올바른 표기이므로 수정할 필요가 없다.

19

정답 ④

응시자 전체의 평균 점수를 m점이라고 하면 불합격한 사람 20명의 평균 점수는 $(m-9)$점이고 합격한 사람 10명의 평균은 $[2(m-9)-33]$점이므로 다음과 같은 식이 성립한다.

$$\frac{10[2(m-9)-33]+20(m-9)}{30}=m$$

$\rightarrow 20m-180-330+20m-180=30m$

$\rightarrow 10m=690$

$\therefore m=69$

따라서 전체 평균 점수는 69점이다.

20

정답 ④

수연과 윤수, 철수, 영희 순서로 점수가 높아진다. 따라서 영희는 90점, 수연이는 85점이므로 철수의 점수는 86점 이상 89점 이하임을 추론할 수 있다.

21

정답 ③

민대리와 회사 동료들은 경주공항에 오전 10시 20분에 도착하여 수하물을 찾고 20분 후인 10시 40분에 공항에서 출발하여 렌터카 회사로 간다. 첫 번째 정보에서 같은 회사의 전기차 2대를 렌트한다고 했으므로 D렌터카와 E렌터카에서 전기차를 빌릴 경우의 비용을 계산한다. 마지막 정보에서 출장 이튿날(11일) 오후 7시에 반납한다고 했으며, 처음 기본요금은 24시간 동안 적용되고 이후 시간에 따른 추가요금을 계산해야 한다.

D렌터카까지 공항에서 10분 걸리므로 오전 10시 50분부터 대여가 가능하고, E렌터카는 20분이 걸리므로 오전 11시부터 대여가 가능하다. 세 번째 정보에서 전기 충전시간 1시간을 제외하는 것을 고려하여 대여시간 및 대여비를 구하면 다음과 같다.

구분	대여시간	대여비(1대당)
D렌터카	10일 오전 10시 50분 ~ 11일 오후 7시 → (기본 : 24시간)+(추가 : 8시간 10분−1시간)	70,000+35,000=105,000원
E렌터카	10일 오전 11시 ~ 11일 오후 7시 → (기본 : 24시간)+(추가 : 8시간−1시간)	66,000+36,000=102,000원

전기차 1대당 연료비는 두 회사 모두 $20\times300=6,000$원으로 같다.

따라서 1대당 대여비가 저렴한 곳은 E렌터카이며, 2대를 렌트할 때 지불해야 하는 비용은 $(102,000+6,000)\times2=216,000$원이다.

22

정답 ②

제시된 자료를 바탕으로 민대리가 출장기간 동안 필요로 하는 연료량과 연료비를 구하면 다음과 같다.

구분	연료	필요한 연료량	연료비
A렌터카	휘발유	$\frac{200}{13}\fallingdotseq15$L	$15\times1,240=18,600$원
B렌터카	휘발유	$\frac{200}{12}\fallingdotseq17$L	$17\times1,240=21,080$원
C렌터카	LPG	$\frac{200}{10}=20$L	$20\times800=16,000$원
D렌터카	전기	$\frac{200}{6.5}\fallingdotseq31$kWh	$31\times300=9,300$원
E렌터카	전기	$\frac{200}{6}\fallingdotseq33$kWh	$33\times300=9,900$원

따라서 B렌터카를 이용할 때 연료비가 21,080원으로 가장 비싸다.

23

정답 ①

B사원은 2층에 묵는 A사원보다 높은 층에 묵지만, C사원보다는 낮은 층에 묵으므로 3층 또는 4층에 묵을 수 있다. 그러나 D사원이 C사원 바로 아래층에 묵는다고 하였으므로 D사원이 4층, B사원은 3층에 묵는 것을 알 수 있다. 따라서 A ~ D사원을 높은 층에 묵는 순서대로 나열하면 'C – D – B – A'가 되며, E사원은 남은 1층에 묵는 것을 추론할 수 있다.

24

정답 ④

- 6석 테이블
  같은 지역에서 온 대표자는 같은 테이블에 앉을 수 없으므로 6석 테이블에는 5명이 앉는다.
- 5석 테이블
  광주에서 2명의 대표자가 방문했기 때문에 5석 테이블 1개에는 4명이 앉는다.
- 3석 테이블
  광주를 제외한 4개 지역 대표자 중 3개 지역 대표자가 앉으면 된다.

따라서 최대 5+5+4+3+3=20명이 앉을 수 있다.

25

정답 ③

최은빈을 제외한 A대학졸업자의 (서류점수)+(필기시험 점수)+(개인 면접시험 점수)를 구하면 다음과 같다.

- 이선빈 : 84+86+35=205점
- 유미란 : 78+88+32=198점
- 김지은 : 72+92+31=195점
- 이유리 : 92+80+38=210점

따라서 이선빈과 이유리가 B부서에 배치된다.

B부서 배치 후 나머지 3명(유미란, 김지은, 최은빈)의 그룹 면접시험 점수와 영어시험 점수 합을 구하면 다음과 같다.

- 유미란 : 38+80=118점
- 김지은 : 40+77=117점
- 최은빈 : 39+78=117점

따라서 유미란이 C부서에 배치되어 불합격자는 김지은, 최은빈이다.

26

정답 ②

변경된 직원 배치 규정에 따른 환산점수를 계산하면 다음과 같다.

- 이선빈 : 84×0.5+86+35=163점
- 유미란 : 78×0.5+88+38=165점
- 김지은 : 72×0.5+92+40=168점
- 최은빈 : 80×0.5+82+40=162점
- 이유리 : 92×0.5+80+38=164점

따라서 가장 점수가 낮은 응시자 2명인 이선빈, 최은빈이 불합격자가 된다.

27

정답 ⑤

B부서원 25명의 평균 나이는 38세이므로, 신입사원 입사 이후 B부서원 25명의 평균 나이는 $\frac{25\times38-52+27}{25}+1=38$세이다.

28

정답 ②

민사원과 안사원이 1시간 동안 만들 수 있는 업무 자료는 각각 $\frac{30}{2}$장, $\frac{50}{3}$장이다. 둘이 함께 업무 자료를 만드는 데 걸리는 시간을 x시간이라고 하면 다음과 같은 식이 성립한다.

$$\left(\frac{30}{2}\times0.9+\frac{50}{3}\times0.9\right)\times x=120$$

$$\rightarrow \frac{171}{6}x=120$$

$$\therefore x=\frac{80}{19}$$

따라서 2명의 사원이 함께 자료를 만드는 데 걸리는 시간은 $\frac{80}{19}$시간이다.

29

정답 ⑤

제시문에 따르면 패시브 하우스는 남쪽으로 크고 작은 창을 많이 내며, 실내의 열을 보존하기 위하여 3중 유리창을 설치한다.

30

정답 ③

제시문에 따르면 폐열회수형 환기장치를 통해 '바깥 공기를 내부 공기와 교차'시킨 뒤 열손실을 막는다고 하였으므로, 패시브 하우스는 온도차를 최대한 줄이는 방식일 것이다. 따라서 ⓒ은 수정할 필요 없이 '최소화한'으로 작성하는 것이 적절하다.

오답분석

① 제시문에 따르면 '수동적인 집'이라는 뜻의 패시브 하우스는 '능동적으로 에너지를 끌어 쓰는 액티브 하우스'에 속하기보다는 서로 짝이 되는 개념이다. 따라서 ㉠은 '대응하는'으로 수정하는 것이 적절하다.

② '-로서'는 자격 / 지위의 뒤에 붙여 사용하는 격조사이다. 제시문은 패시브 하우스가 집안의 열이 밖으로 새나가지 않도록 최대한 차단한다고 하였으므로 ㉡은 수단 / 방법, 원료 / 재료의 뒤에 붙여 사용하는 격조사 '-로써'를 활용하여 '차단함으로써'로 수정하는 것이 적절하다.

④ '배출'은 '안에서 밖으로 밀어 내보냄'이라는 뜻의 명사이다. 제시문에 따르면 액티브 하우스는 '태양열을 적극적으로 활용'함으로써 '에너지를 자급자족하는 형태'이다. 따라서 ㉣은 '물건이나 재화 따위를 모아서 간수함'이라는 뜻의 '저장'을 활용하여 '저장한'으로 수정하는 것이 적절하다.

⑤ '계발'은 '슬기나 재능, 사상 따위를 일깨워 줌'이라는 뜻의 명사이다. ㉤의 주어는 액티브 하우스이므로 ㉤은 '산업이나 경제 따위를 발전하게 함'이라는 뜻의 '개발'을 활용하여 '개발되고'로 수정하는 것이 적절하다.

31

정답 ④

기존의 화석연료를 변환하여 이용하는 것도 액티브 기술에 포함된다.

오답분석

① 패시브 기술은 능동적으로 에너지를 끌어다 쓰는 액티브 기술과 달리 수동적이다. 따라서 자연채광을 많이 받기 위해 남향, 남동향으로 배치하며 단열에 신경 쓴다.

② 패시브 기술은 다양한 단열 방식을 사용한다.

③ 액티브 기술을 사용한 예시로는 태양광 발전, 태양열 급탕, 지열 냉난방, 수소연료전지, 풍력발전시스템, 목재 펠릿보일러 등이 있다.

⑤ 제시된 자료를 통해 확인할 수 있다.

32

정답 ④

- A부품의 불량품 개수 : 3,000×0.25=750개
- B부품의 불량품 개수 : 4,100×0.15=615개

따라서 한 달간 생산된 A, B부품의 불량품 개수 차이는 750−615=135개이다.

33

정답 ③

제시문은 2016년에 경주에서 5.8 규모의 지진이 발생하였으나, 큰 피해가 없었던 신라시대 문화재의 전통 건축 방식에 대해 설명하고 있다. 따라서 (라) 경주를 강타한 지진에도 신라시대 문화재들은 극히 일부만 훼손됨 – (가) 여러 차례의 강진에도 오늘날까지 모습을 보존하고 있는 경주의 건축물들 – (다) 자연석을 그대로 활용해 땅의 흔들림을 흡수하는 그랭이법 – (나) 불국사의 백운교 좌우의 큰 바위로 쌓은 부분에서 확인할 수 있는 그랭이법 순으로 나열하는 것이 적절하다.

34

정답 ②

제시문을 요약하면 '경주는 언제든지 지진이 발생할 수 있는 양산단층에 속하는 지역이지만 신라시대에 지어진 문화재들은 현재까지도 굳건히 그 모습을 유지하고 있으며 이는 그랭이법이라는 건축기법 때문이다.'로 볼 수 있다. 따라서 제시문은 '경주 문화재는 왜 지진에 강할까?'라는 질문의 답이 될 수 있다.

35

정답 ④

그랭이법과 그랭이질은 같은 말이다. 따라서 같은 의미 관계인 한자성어와 속담을 고르면 된다.

'망양보뢰'는 '양을 잃고서 그 우리를 고친다.'라는 뜻으로, 실패한 후에 일을 대비함 또는 이미 어떤 일을 실패한 뒤에 뉘우쳐도 소용이 없음을 이르는 말이다. 이와 유사한 뜻으로는 '일이 이미 잘못된 뒤에는 손을 써도 소용이 없다.'라는 뜻의 '소 잃고 외양간 고친다.'가 있다.

오답분석

① '이공보공'은 제자리에 있는 것으로 제자리를 메운다는 말로, 이 세상에는 거저 생기는 이득이 없다는 말이다. '바늘 끝에 알을 올려놓지 못한다.'는 쉬울 듯하나 되지 않을 일을 비유적으로 이르는 말이다.

② '수즉다욕'은 오래 살수록 그만큼 욕됨이 많음을 이르는 말이다. '보기 싫은 반찬이 끼마다 오른다.'는 너무 잦아서 싫증난 것이 그대로 또 계속되어 눈에 띔을 비유적으로 이르는 말이다.

③ '함포고복'은 잔뜩 먹고 배를 두드린다는 뜻으로, 먹을 것이 풍족하여 즐겁게 지냄을 이르는 말이다. '한 가랑이에 두 다리 넣는다.'는 정신없이 매우 서두르는 모양을 이르는 말이다.

⑤ '가인박명'은 미인은 불행하거나 병약하여 요절하는 일이 많음을 이르는 말이다. '날 받아 놓은 색시 같다.'는 바깥 출입을 안 하고 집에만 가만히 있는 사람을 비유적으로 이르는 말이다.

36

정답 ③

작업 완료한 기둥의 개수는 매일 3개씩 증가하고 있다. n일 차까지 작업이 끝난 기둥의 개수를 a_n이라고 하면 $a_n=1+3n$이다.

따라서 9일 차에 작업이 끝난 기둥의 개수는 1+3×9=28개이다.

37

정답 ②

제시문의 첫 문단에서 광고의 정의에 대해 이야기하고 있다. 따라서 광고에 대한 구체적인 설명과 단점에 대해서 이야기하는 (가) – 첫 번째 광고의 사례에 대해서 이야기하는 (다) – 두 번째 광고의 사례를 이야기하는 (나) – 광고를 보는 소비자가 가져야 할 자세에 대해 이야기하는 (라) 순으로 나열하는 것이 적절하다.

38

정답 ⑤

연예인 혹은 유명인이 광고를 했다고 해도 회사는 품질과 성능을 담보하지 않는다. 또한 해당 연예인이 사용하지 않았지만 사용했다고 언급하지 않는 이상 광고료를 지불받은 광고 모델일 뿐 문제가 되지 않는다. 따라서 ⑤는 허위·과장 광고의 사례로 적절하지 않다.

39

정답 ①

- 피해 : 생명이나 신체, 재산, 명예 따위에 손해를 입음. 또는 그 손해
- 가해 : 다른 사람의 생명이나 신체, 재산, 명예 따위에 해를 끼침

오답분석

② • 엄폐하다 : 가리어 숨기다.
  • 시사하다 : 어떤 것을 미리 간접적으로 표현해 주다.
③ • 천치 : 선천적으로 정신 작용이 완전하지 못하여 어리석고 못난 사람
  • 천지 : 대단히 많음
④ • 통합하다 : 둘 이상의 조직이나 기구 따위가 하나로 합치다.
  • 분리하다 : 서로 나뉘어 떨어지게 하다.
⑤ • 좇다 : 남의 말이나 뜻을 따르다.
  • 지배하다 : 어떤 사람이나 집단, 조직, 사물 등을 자기의 의사대로 복종하게 하여 다스리다.

40

정답 ③

오답분석

① 2023년에는 신문 광고비가 옥외 광고비보다 많다.
②·④·⑤ 2021년에는 뉴미디어 광고비가 잡지 광고비보다 많다.

롯데그룹 L-TAB 온라인 직무적합진단

3일 차 기출응용 모의고사 정답 및 해설

01	02	03	04	05	06	07	08	09	10	11	12	13	14	15	16	17	18	19	20
⑤	③	③	②	④	②	④	③	①	⑤	①	③	④	④	③	①	③	②	③	④
21	22	23	24	25	26	27	28	29	30	31	32	33	34	35	36	37	38	39	40
③	①	④	⑤	③	③	②	①	②	①	①	③	②	③	①	①	④	④	④	①

01

정답 ⑤

주어진 견적서의 '연기'는 '정해진 기한을 뒤로 물려서 늘림'의 의미로 쓰였으며, 옳은 표기이다.

오답분석

① 다른 → 따른 : '바탕을 두거나 그러한 입장에 의거한'의 의미인 '따른'으로 고쳐야 한다.
② 수위계약 → 수의계약 : '경쟁이나 입찰에 의하지 않고 상대편을 임의로 선택하여 체결하는 계약'을 뜻하는 '수의계약'으로 고쳐야 한다.
③ 우의사항 → 유의사항 : '마음에 새겨 두어 조심하며 관심을 가져야 하는 사항'을 뜻하는 '유의사항'으로 고쳐야 한다.
④ 다수 → 다소 : '어느 정도로'의 의미인 '다소'로 고쳐야 한다.

02

정답 ③

공연은 고전극(Classic Play)인 셰익스피어의 『햄릿』을 상연하므로 '연극'으로 분류된다.

• 공연대관료(19:00 ~ 22:00) : 850,000×10=8,500,000원
• 리허설대관료(14:00 ~ 17:00) : 550,000×10=5,500,000원

12월 장기공연 할증 50%와 VAT 10% 추가 금액을 더해 정기대관료를 구하면 (8,500,000+5,500,000)×1.5×1.1=23,100,000이다. 따라서 A사원이 청구해야 할 계약금은 23,100,000×0.3=6,930,000원이다.

03

정답 ③

주어진 조건을 정리하면 다음과 같다.

• 여섯 번째, 여덟 번째 조건 : G는 첫 번째 자리에 앉는다.
• 일곱 번째 조건 : C는 세 번째 자리에 앉는다.
• 네 번째, 다섯 번째 조건 : 만약 A와 B가 네 번째, 여섯 번째 또는 다섯 번째, 일곱 번째 자리에 앉으면, D와 F는 나란히 앉을 수 없다. 따라서 A와 B는 두 번째, 네 번째 자리에 앉는다.

이때 남은 자리는 다섯, 여섯, 일곱 번째 자리이므로 D와 F는 다섯, 여섯 번째 또는 여섯, 일곱 번째 자리에 앉게 되고, 나머지 한 자리에 E가 앉는다.

이 사실을 종합하여 주어진 조건을 표로 정리하면 다음과 같다.

구분	첫 번째	두 번째	세 번째	네 번째	다섯 번째	여섯 번째	일곱 번째
경우 1	G	A	C	B	D	F	E
경우 2	G	A	C	B	F	D	E
경우 3	G	A	C	B	E	D	F
경우 4	G	A	C	B	E	F	D
경우 5	G	B	C	A	D	F	E
경우 6	G	B	C	A	F	D	E
경우 7	G	B	C	A	E	D	F
경우 8	G	B	C	A	E	F	D

따라서 어떠한 경우에도 C의 옆자리에는 항상 A와 B가 앉는다.

오답분석

① 조건에서 D와 F는 나란히 앉는다고 하였다.
②·④ 경우 4, 8에서만 성립한다.
⑤ B는 두 번째 또는 네 번째 자리에 앉는다.

04

정답 ②

8명을 2명씩 3개의 그룹으로 나누는 경우의 수는 ${}_8C_2\times{}_6C_2\times{}_4C_2\times\frac{1}{3!}=28\times15\times6\times\frac{1}{6}=420$가지이다.

3개의 그룹을 각각 A, B, C라고 하면, 3주 동안 토요일 당직 근무자를 배치하는 경우의 수는 A, B, C를 일렬로 나열하는 경우의 수와 같으므로 $3\times2\times1=6$가지이다.
따라서 가능한 모든 경우의 수는 $420\times6=2,520$가지이다.

05

정답 ④

제시된 A/S 규정의 '교환·환불 배송 정책' 부분을 보면, A/S와 관련된 운송비는 제품 초기불량일 경우에만 당사에서 부담한다고 규정하고 있다. 그러므로 초기불량이 아닐 경우에는 운송비를 고객이 부담하여야 한다. 따라서 운송비를 제외한 복구 시 발생하는 모든 비용에 대해 고객이 부담하여야 한다는 설명은 적절하지 않다.

06

정답 ②

고객의 요청을 바탕으로 하여 수리가 필요한 항목을 정리하면 다음과 같다.
• 네트워크 관련 작업 : 20,000원
• 펌웨어 업그레이드 : 20,000원
• 하드 디스크 점검 : 10,000원
따라서 고객에게 안내해야 할 수리비용은 20,000+20,000+10,000=50,000원이다.

07

정답 ④

A/S 점검 결과에 따라 비용을 계산하면 다음과 같다.

- 전면 유리 파손 교체 : 3,000원
- 전원 배선 교체 : 8,000원
- 41만 화소 IR 교체 : 30,000원
- 추가 CCTV 제품비 : 80,000원
- 추가 CCTV 건물 내부(로비) 설치 : 10,000원

따라서 고객에게 청구하여야 할 비용은 3,000+8,000+30,000+80,000+10,000=131,000원이다.

08

정답 ③

A/S센터에서 고객의 사무실까지의 거리는 1.5km=1,500m이다.

걸어간 거리를 xm, 달린 거리를 $(1,500-x)$m라고 하면 다음과 같은 식이 성립한다.

$\frac{x}{40}+\frac{1,500-x}{160}=15$

$\rightarrow 4x+1,500-x=2,400$

$\rightarrow 3x=900$

$\therefore\ x=300$

따라서 걸어간 거리는 300m이다.

09

정답 ①

문서별 정리 일정에 따라 10월 달력에 각 문서정리가 해당하는 날을 나타내면 다음과 같다.

〈10월 달력〉

일	월	화	수	목	금	토
			1 A	2 A	3	4 B
5	6 D	7 F	8 A	9 A, E	10	11
12	13	14 F	15 A	16 A	17	18 B
19	20 D, E	21 F	22 A	23 A	24	25
26	27	28 F	29 A	30 A	31	

C문서는 A 또는 E문서를 정리하는 날에 같이 정리하므로 이에 해당하는 날짜 가운데 3일만 하면 된다.

따라서 가장 빈번하게 정리한 문서는 A문서이다.

10

정답 ⑤

C문서를 넷째 주에 정리할 수도 있고, 첫째 주의 전주에도 정리할 수 있다. 따라서 3종류 이상 문서를 정리하지 않은 주는 정확히 알 수 없다.

11

정답 ①

C문서는 1일 또는 2일에 하루 A문서와 함께 정리하고, 첫째 주인 8, 9일에 정리하면 C의 10월 문서정리가 마무리된다. 첫째 주에 정해져 있던 5번의 문서정리 횟수에 C문서를 2번 정리하므로 총횟수는 7번이 되어 문서정리 횟수가 가장 많은 주가 된다. 따라서 이 주에 속하는 날짜는 10월 5일이다.

12

정답 ③

09번 해설에서 정리한 달력을 참고하면 B, D문서는 2주에 1번 문서정리를 한다.

오답분석

- A문서 : 일주일에 2번 문서정리를 한다.
- C문서 : 한 달에 3번 문서정리를 한다.
- E문서 : 한 달에 2번 문서정리를 한다.
- F문서 : 일주일에 1번 문서정리를 한다.

13

정답 ④

할인율에 따른 월 매출액 차이는 다음과 같다.

- 10% 할인
  - K사 : 700×50만×(1−0.1)=31.5천만 원
  - L사 : 500×50만×(1−0.1)=22.5천만 원
  - ∴ (매출액 차이)=31.5−22.5=9천만 원
- 20% 할인
  - K사 : 900×50만×(1−0.2)=36천만 원
  - L사 : 700×50만×(1−0.2)=28천만 원
  - ∴ (매출액 차이)=36−28=8천만 원
- 30% 할인
  - K사 : 1,000×50만×(1−0.3)=35천만 원
  - L사 : 800×50만×(1−0.3)=28천만 원
  - ∴ (매출액 차이)=35−28=7천만 원

따라서 두 회사가 동일한 가격할인 정책을 실시할 때, 30% 할인일 경우에 7천만 원으로 월 매출액 차이가 가장 적다.

14

정답 ④

L사에서 20% 가격할인을 진행할 경우, K사에서의 대응(가격할인)에 따라 L사의 판매량은 달라지지만 각 할인율에 대한 K사의 대응은 문제에 제시되어 있으므로, 이를 활용하여 다음과 같이 L사의 기대매출액을 산출할 수 있다.

K사 할인율	0%	10%	20%	30%
확률	20%	40%	30%	10%
L사 판매량(a)	1,000개	800개	700개	600개
L사 상품가격(b)	50만×(1−0.2)=40만 원			
매출액(a×b)	40천만 원	32천만 원	28천만 원	24천만 원
L사 기대매출액	40×0.2+32×0.4+28×0.3+24×0.1=31.6천만 원			

따라서 L사의 기대매출액은 31.6천만 원이다.

15

정답 ③

K사가 10% 가격할인을 할 경우의 L사의 월 매출현황은 다음과 같다.

- L사가 가격을 유지할 경우
  - (매출액)=50만×300=15천만 원
  - (비용)=5천만+20만×300=11천만 원
  - (순수익)=15천만−11천만=4천만 원
- L사가 10% 가격할인을 할 경우
  - (매출액)=50만×(1−0.1)×500=22.5천만 원
  - (비용)=5천만+20만×500=15천만 원
  - (순수익)=22.5천만−15천만=7.5천만 원
- L사가 20% 가격할인을 할 경우
  - (매출액)=50만×(1−0.2)×800=32천만 원
  - (비용)=5천만+20만×800=21천만 원
  - (순수익)=32천만−21천만=11천만 원
- L사가 30% 가격할인을 할 경우
  - (매출액)=50만×(1−0.3)×1,000=35천만 원
  - (비용)=5천만+20만×1,000=25천만 원
  - (순수익)=35천만−25천만=10천만 원

따라서 L사가 20% 할인했을 때 11천만 원으로 순수익이 가장 크다.

16

정답 ①

정보를 기호화하여 정리하면 다음과 같다.

- B → ~E
- ~B and ~E → D
- A → B or D
- C → ~D
- C → A

C가 워크숍에 참석하는 경우 D는 참석하지 않으며, A는 참석한다. A가 워크숍에 참석하면 B 또는 D 중 1명이 함께 참석하므로 B가 A와 함께 참석한다. 또한 B가 워크숍에 참석하면 E는 참석하지 않는다. 따라서 워크숍에 참석하는 직원은 A, B, C이다.

17

정답 ③

차량 대여료 및 기사 섭외비, 게임 진행자 행사비, 기념영상 제작 업체 섭외비, 출장뷔페 및 조리사 섭외비는 모두 외부에 지출하는 비용이다. 시상 상품과 기념품 구매를 위한 구입비는 내부에서 지출하는 비용으로, 나머지와 성격이 다르다.

18

정답 ②

장소는 대부도 내 기관 연수원이므로 따로 시설 및 주변을 답사할 필요가 없다.

19

정답 ③

예정되어 있던 인원에 맞춰 점심식사를 신청할 경우, 늦게 오는 직원 수만큼 식사가 남을 수 있어 예산이 낭비된다. 따라서 약 40%의 직원을 고려하여 점심식사에 대한 의견조율이 필요하다.

오답분석

① 가장 먼저 해야 할 일로 외부 일정으로 인해 정시에 도착하지 못하는 인원을 파악해야 한다.
② 늦게 오는 직원들을 고려해 미리 정해놓은 점심식사 관련 금액과 수량 등이 적힌 내역의 수정 여부 확인이 필요하다.
④ 정확한 인원이 정해지면 창립기념일에 점심식사 및 행사시간 등을 차질 없이 진행할 수 있도록 재의사결정을 해야 한다.
⑤ 예산을 생각하여 계획을 강행하지 않고 시간대를 조금 늦춰 식사를 준비하는 등 차선책을 생각하여야 한다.

20

정답 ④

회사에서 휴게소까지의 거리를 $x$km라고 하면 다음과 같은 식이 성립한다.

$\frac{x}{40}+\frac{128-x}{60}=3$시간

$\therefore\ x=104$

따라서 회사에서 휴게소까지의 거리는 104km이다.

21

정답 ③

A지점 BIZ 영업팀의 업무분장에 따르면 A지점 BIZ 영업팀의 공문서 작성 및 발송 담당자는 최대리이고, 메일 내용에 따라 본사 교육팀 김주임에게 공문을 발송해야 한다. 이때 본사 교육팀 김주임의 메일주소는 15056@lotte.net이다.

22

정답 ①

교육에 참여할 신입사원이 총 30명이므로 크래커는 30×2=60봉지, 쿠키는 30×3=90봉지, 빵은 30×1=30봉지, 주스는 30×2=60캔, 물은 30×1=30병이 필요하다.

- 크래커 구입 비용 : 60÷20×4,000=12,000원
- 쿠키 구입 비용 : 90÷30×5,000=15,000원
- 빵 구입 비용 : 30×1,000=30,000원
- 주스 구입 비용 : 60×900=54,000원
- 물 구입 비용 : 30×600=18,000원

따라서 다과를 구입하기 위해 필요한 금액은 12,000+15,000+30,000+54,000+18,000=129,000원이다.

23

정답 ④

A지점 BIZ 영업팀의 업무분장에 따르면 건설업 분야의 상품 컨설팅 및 고객 관리 업무 담당자는 최대리이고, 최대리의 내선 번호는 1214이다.

24

정답 ⑤

A지점 BIZ 영업팀의 2025년 3월 2주 일정에 따르면 김대리가 S제약에 상품 컨설팅을 위해 방문한 날짜와 시간대는 3월 4일 오후이다. 따라서 S제약에서 3월 5일 오후 5시에 연락이 온 것이므로 S제약 측에 통보해야 하는 계약날짜와 시간대는 김대리의 일정이 비어있는 3월 6일 오후이다.

25

정답 ③

회의록을 통해 회의 장소, 회의 주제, 회의 참석자, 회의록 작성자, 회의 시간은 알 수 있지만, 회의 발언자나 회의 기획자, 협력 부서는 알 수 없다.

26

정답 ③

결정사항 중 가장 기한이 빠른 것은 '제2회 TED 세부 주제 검토 및 확정'이므로 가장 먼저 업무를 진행해야 한다.

27

정답 ②

'유명 사이트 배너광고 검토'는 결정사항의 '광고 전략 수립 및 광고 샘플 작성'과 연계되므로 삭제해서는 안 된다.

28

정답 ①

n명을 원형으로 나열하는 경우의 수는 $(n-1)!$가지이다.
따라서 구하는 경우의 수는 $(5-1)!=4!$가지이다.

29

정답 ②

경영기획팀에서 경영공시, 외부 컨설팅 용역 총괄 심의, 국회·정부 업무를 담당하고 있다. 따라서 해당 자료를 얻기 위해서는 경영기획팀에 협조를 요청하여야 한다.

30

정답 ①

L그룹 직원 복지카드 혜택에 따르면 화장품과 침구류는 쇼핑 할인 혜택에 포함되지 않는다.

31

정답 ①

5일(토)에 근무하기로 예정된 예산팀의 병이 근무 일자를 변경할 경우, 해당 주에 근무가 없는 재무팀과 대체하여야 한다. 대체근무자인 다는 재무팀 소속이긴 하지만, 13일(일)에도 예산팀이 근무하는 날이기 때문에 주말 근무 규정에 어긋난다.

32

정답 ③

L그룹 인재개발연수원 식사 지원 사항에 의하면 식사 횟수는 총 6회(첫째 날 점심 ~ 셋째 날 아침)이다.
첫째 날 출발하는 선발대는 35명이고, 둘째 날 아침부터는 50명이 전부 아침부터 식사를 하게 되므로, 첫째 날은 35명에 대한 예산을, 둘째 날부터 마지막 날까지는 50명에 대한 예산을 책정해야 한다.

- 첫째 날 점심식사 비용(정식 통일) : $9,000\times35=315,000$원
- 셋째 날 아침식사 비용(일품 통일) : $8,000\times50=400,000$원

이때 나머지 4번의 식사는 자유롭게 고를 수 있지만, 예산을 최대로 책정해야 하므로 스파게티의 가격을 기준으로 계산해야 한다.

- 나머지 식사 비용 : $7,000\times(35+50+50+50)=1,295,000$원

따라서 편성할 수 있는 최대 금액은 $315,000+400,000+1,295,000=2,010,000$원이다.

33

정답 ②

제시문에 따르면 주택 또는 상가의 임대차계약은 민법에 대한 특례를 규정한 주택임대차보호법 및 상가건물 임대차보호법의 적용을 받는다.

34

정답 ③

'대가로'가 올바른 표기이다. '대가'가 [대:까]로 발음되는 까닭으로 사이시옷을 붙여 '댓가'로 표기하는 오류가 많다. 한자어의 경우 2음절로 끝나는 6개의 단어(숫자, 횟수, 셋방, 곳간, 툇간, 찻간)만 예외적으로 사이시옷이 붙는다.

35

정답 ①

주어진 조건에 따라 배정된 객실을 정리하면 다음과 같다.

301호	302호	303호	304호
C, D, F사원(영업팀) / H사원(홍보팀)			
201호	202호	203호	204호
G사원(홍보팀)	사용 불가	G사원(홍보팀)	
101호	102호	103호	104호
I사원	A사원(영업팀) / B, E사원(홍보팀)		

A, C, D, F사원은 영업팀이며, B, E, G, H사원은 홍보팀인 것을 알 수 있다.
만약 H사원이 2층에 묵는다면 G사원이 1층에 묵어야 하는데, 그러면 영업팀 A사원과 홍보팀 B, E사원이 한 층을 쓸 수 없다.
따라서 H사원은 3층에 묵어야 하고, G사원은 2층에 묵어야 하므로 홍보팀 G사원은 항상 2층에 묵는다.

오답분석

② 주어진 조건만으로는 I사원의 소속팀을 확인할 수 없으므로 교육에 참여한 영업팀의 사원 수는 정확히 알 수 없다.
③ 주어진 조건만으로는 C사원이 사용하는 객실 호수와 2층 객실을 사용하는 G사원의 객실 호수를 정확히 알 수 없으므로 항상 옳을 수 없다.
④ 1층 객실을 사용하는 A, B, E, I사원을 제외한 C, D, F, G, H사원은 객실에 가기 위해 반드시 엘리베이터를 이용해야 한다. 이들 중 C, D, F사원은 영업팀이므로 영업팀의 수가 더 많다.
⑤ E사원은 1층의 객실을 사용하므로 엘리베이터를 이용할 필요가 없다.

36

정답 ①

A사원과 B사원이 함께 걸어간 거리는 (150×30)m이고, 호텔에서 교육장까지의 거리는 (150×50)m이다. 따라서 A사원이 호텔에 가는 데 걸린 시간은 150×30÷300=15분이고, 다시 교육장까지 가는 데 걸린 시간은 150×50÷300=25분이다. 따라서 B사원이 교육장에 도착하는 데 걸린 시간은 20분이고, A사원이 도착하는 데 걸린 시간은 40분이므로, A사원은 B사원이 도착하고 20분 후에 교육장에 도착한다.

37

정답 ④

제시문을 통해 수동적 깊이 센서 방식에서 두 대의 카메라가 대상을 앞과 뒤에서 촬영하는지는 알 수 없다.

오답분석

① 마지막 문단에서 확인할 수 있다.
② 세 번째 문단에서 확인할 수 있다.
③ 두 번째 문단에서 확인할 수 있다.
⑤ 첫 번째 문단에서 확인할 수 있다.

38

정답 ④

손과 몸의 상하좌우 움직임은 2차원적인 것, 앞뒤 움직임은 3차원적인 것이다. TOF 카메라는 깊이 정보를 측정하는 기계이므로 3차원 공간 좌표에서 이루어지는 손과 몸의 앞뒤 움직임도 인지할 수 있다.

오답분석

① TOF 카메라는 밝기 또는 색상으로 표현된 동영상 형태로 깊이 정보를 출력한다.
②·⑤ TOF 카메라는 적외선을 사용하기 때문에 태양광이 있는 곳에서는 사용하기 어렵고, 보통 10m 이내로 촬영 범위가 제한된다.
③ TOF 카메라는 대상에서 반사된 빛을 통해 깊이 정보를 측정한다. 따라서 빛 흡수율이 높은 대상은 깊이 정보를 획득하기 어렵다.

39

정답 ④

'어떤 일이든 끊임없이 노력하면 반드시 이루어짐'을 의미하는 '우공이산(愚公移山)'이 가장 적절하다.

오답분석

① 안빈낙도(安貧樂道) : 가난한 생활을 하면서도 편안한 마음으로 도를 즐겨 지킴을 이르는 말
② 호가호위(狐假虎威) : 여우가 호랑이의 위세를 빌려 호기를 부린다는 뜻으로, 남의 권세를 빌려 위세를 부리는 모습을 이르는 말
③ 각주구검(刻舟求劍) : 칼이 빠진 자리를 배에 새겨 찾는다는 뜻으로, 어리석고 미련해서 융통성이 없음을 이르는 말
⑤ 사면초가(四面楚歌) : 사방이 초나라(적군)의 노래라는 뜻으로, 아무에게도 도움을 받지 못하는 외롭고 곤란한 지경에 빠진 형편을 이르는 말

40

정답 ①

'회의장 세팅'을 p, '회의록 작성'을 q, '회의 자료 복사'를 r, '자료 준비'를 s라고 하면, $p \to \sim q \to \sim s \to \sim r$이 성립한다.
따라서 A는 옳고, B는 틀리다.

롯데그룹 L-TAB 온라인 직무적합진단

4일 차 기출응용 모의고사 정답 및 해설

01	02	03	04	05	06	07	08	09	10	11	12	13	14	15	16	17	18	19	20
③	②	③	④	④	③	①	⑤	②	④	③	④	①	②	④	②	②	③	③	①
21	22	23	24	25	26	27	28	29	30	31	32	33	34	35	36	37	38	39	40
①	③	④	④	②	④	⑤	②	⑤	④	⑤	⑤	④	②	④	①	②	④	③	③

01

정답 ③

제시된 자료에 따르면 스마트워크 프레젠테이션 및 물관리센터 관람은 B코스에 해당하고, 15인 이상 방문 단체는 사전예약 시 관람할 수 있다.

02

정답 ②

전체 인원수를 x명이라고 하면 다음과 같은 식이 성립한다.

$\frac{x}{5}+65+\frac{x}{2}-5=x$

$\rightarrow 2x+650+5x-50=10x$

$\rightarrow 3x=600$

$\therefore\ x=200$

따라서 전체 인원수는 200명이다.

03

정답 ③

주어진 내용에 따라 컵에 들어 있는 음료의 종류를 구분하면 다음과 같다.

- 빨간색 컵 – 포도주
- 갈색 컵 – 물
- 검은색 컵 – 맥주
- 노란색 컵 – 주스
- 파란색 컵 – 비어 있음

따라서 바르게 연결된 것은 ③이다.

04

정답 ④

60, 52, 48의 최대공약수는 4이며, 크로와상 15개, 소보로 13개, 단팥빵 12개씩 한 상자에 담아 최대 4상자를 포장할 수 있다.

05

정답 ④

직급에 따른 업무항목별 계산 기준에 따르면, B차장의 업무평점은 (80×0.3)+(85×0.2)+(90×0.5)=86점이다.

06

정답 ③

직급에 따른 업무항목별 계산 기준에 따르면, A사원의 업무평점은 (86×0.5)+(70×0.3)+(80×0.2)=80점이다.
승진심사 평점은 업무(80%)+능력(10%)+태도(10%)이므로 (80×0.8)+(80×0.1)+(60×0.1)=78점이다.

07

정답 ①

'주어진 수나 식을 일정한 규칙에 따라 처리하여 수치를 구함'의 의미로 쓰였다.

오답분석

② 값을 치른다는 의미로 쓰였다.
③ · ⑤ 어떤 일이 자기에게 이해득실이 있는지 따진다는 의미로 쓰였다.
④ 어떤 일을 예상하거나 고려한다는 의미로 쓰였다.

08

정답 ⑤

'절차탁마(切磋琢磨)'는 '옥이나 돌을 갈고 닦아서 빛을 낸다.'는 뜻으로, 학문이나 인격을 갈고 닦는다는 의미이다.

오답분석

① 각골통한(刻骨痛恨) : 뼈에 새겨 놓을 만큼 잊을 수 없고 고통스러운 원한
② 비분강개(悲憤慷慨) : 의롭지 못한 일이나 잘못되어 가는 세태가 슬프고 분하여 마음이 북받침
③ 원철골수(怨徹骨髓) : 원한이 깊어 골수에 사무친다는 뜻으로 원한이 잊을 수 없을 정도로 깊음
④ 교아절치(咬牙切齒) : 어금니를 악물고 이를 갈면서 몹시 분해 함

09

정답 ②

A부서의 수리 요청 내역별 수리요금을 구하면 다음과 같다.

- RAM 8GB 교체
  - 수량 : 15개(∵ 교체 12개, 추가설치 3개)
  - 개당 교체 및 설치비용 : 8,000+96,000=104,000원

  ∴ A부서의 RAM 8GB 교체비용 : 104,000×15=1,560,000원
- SSD 250GB 추가설치
  - 수량 : 5개
  - 개당 설치비용 : 9,000+110,000=119,000원

  ∴ A부서의 SSD 250GB 추가설치비용 : 119,000×5=595,000원
- 프로그램 설치
  - 수량 : 문서작성 프로그램 10개, 3D그래픽 프로그램 10개
  - 문서작성 프로그램 개당 설치비용 : 6,000원
  - 3D그래픽 프로그램 개당 설치비용 : 6,000+1,000=7,000원

  ∴ A부서의 프로그램 설치비용 : (6,000×10)+(7,000×10)=130,000원

따라서 수리 요청 내역과 수리요금이 바르게 짝지어진 것은 ②이다.

10

정답 ④

• HDD 1TB 교체
 - 수량 : 4개
 - 개당 교체비용 : 8,000+50,000=58,000원
 - 개당 백업비용 : 100,000원
 ∴ B부서의 HDD 1TB 교체비용 : (100,000+58,000)×4=632,000원
• HDD 포맷 · 배드섹터 수리
 - 수량 : 15개
 - 개당 수리비용 : 10,000원
 ∴ B부서의 HDD 포맷 · 배드섹터 수리비용 : 10,000×15=150,000원
• 바이러스 치료 및 백신 설치
 - 수량 : 6개
 - 개당 치료 · 설치비용 : 10,000원
 ∴ B부서의 바이러스 치료 및 백신 설치비용 : 10,000×6=60,000원

따라서 B부서에 청구되어야 할 수리요금은 632,000+150,000+60,000=842,000원이다.

11

정답 ③

• 진단 시간 : 2시간
• 데이터 복구 소요 시간 : $\frac{270}{7.5}=36$시간

즉, 데이터를 복구하는 데 걸리는 총시간은 2+36=38시간으로, 1일 14시간이 걸린다.
2일 차에 데이터 복구가 완료되고 다음 날 직접 배송하므로, Y사원이 U과장에게 안내할 기간은 3일이다.

12

정답 ④

80m/min의 속력으로 걸은 거리를 xm라고 하면 다음과 같은 식이 성립한다.

$\frac{x}{80}+\frac{2,000-x}{160}=20$

$\rightarrow 2x+2,000-x=3,200$

$\therefore x=1,200$

따라서 80m/min의 속력으로 걸은 거리는 1,200m이다.

13

정답 ①

제시된 매뉴얼에 따르면 수하물을 분실한 경우에는 화물인수증을 해당 항공사 직원에게 제시하고, 분실 신고서를 작성해야 한다. 이때 공항에서 짐을 찾을 수 없게 되면 항공사에서 책임지고 배상해준다.

14

정답 ②

제시된 매뉴얼에 따르면 현지에서 물품을 분실한 경우 현지 경찰서에서 도난 신고서를 발급받고 그 서류를 귀국 후 해당 보험회사에 청구하면 보험금을 받을 수 있다.

15

정답 ④

순항할 때와 아닐 때의 비행 거리를 각각 구하면 다음과 같다.

- 순항 중일 때 날아간 거리 : $860 \times \left(3+\frac{30-15}{60}\right)=2,795\text{km}$
- 기상 악화일 때 날아간 거리 : $(860-40) \times \frac{15}{60}=205\text{km}$

따라서 날아간 거리는 총 2,795+205=3,000km이다.

16

정답 ②

'등하불명(燈下不明)'은 '등잔 밑이 어둡다.'는 뜻으로, 가까이에 있는 물건이나 사람을 잘 찾지 못함을 이르는 말이다.

오답분석

① 누란지위(累卵之危) : 층층이 쌓아 놓은 알의 위태로움이라는 뜻으로, 몹시 아슬아슬한 위기를 비유적으로 이르는 말
③ 수구초심(首丘初心) : 여우는 죽을 때 구릉을 향(向)해 머리를 두고 초심으로 돌아간다는 뜻으로, 근본을 잊지 않음 또는 죽어서라도 고향 땅에 묻히고 싶어 하는 마음을 이르는 말
④ 조족지혈(鳥足之血) : 새 발의 피라는 뜻으로, 매우 적은 분량을 비유적으로 이르는 말
⑤ 지란지교(芝蘭之交) : 지초와 난초의 교제라는 뜻으로, 벗 사이의 맑고도 고귀한 사귐을 이르는 말

17

정답 ②

제2조 제3항에 따르면 1개월 이상 L사 직원으로 근무하였음에도 성과평가 결과를 부여받지 못한 경우에는 최하등급 기준으로 성과연봉을 지급한다.

18

정답 ③

성과급 지급 규정의 평가기준 가중치에 따라 O대리의 평가점수를 변환해 보면 다음과 같다.

(단위 : 점)

구분	전문성	유용성	수익성	총합	등급
1분기	1.8	1.6	3.5	6.9	C
2분기	2.1	1.4	3.0	6.5	C
3분기	2.4	1.2	3.5	7.1	B
4분기	2.1	1.6	4.5	8.2	A

따라서 1 ~ 2분기에는 40만 원, 3분기에는 60만 원, 4분기에는 80만 원으로 1년 동안 총 220만 원을 받는다.

19

정답 ③

바뀐 성과급 지급 규정에 따라 가중치를 적용하여 O대리의 평가점수를 변환해 보면 다음과 같다.

(단위 : 점)

구분	전문성	유용성	수익성	총합	등급
1분기	1.8	1.6	4.2	7.6	B
2분기	2.1	1.4	3.6	7.1	B
3분기	2.4	1.2	4.2	7.8	B
4분기	2.1	1.6	5.4	9.1	S

1 ~ 3분기에는 60만 원, 4분기에는 100만 원으로, 1년 동안 총 280만 원을 받아 가중치 변경 전보다 60만 원을 더 받는다.

20

정답 ①

A사원이 S등급을 받을 확률이 $\frac{1}{3}$이고 B사원이 S등급을 받을 확률이 $\frac{3}{5}$이다.

따라서 A사원과 B사원 둘 다 S등급을 받을 확률은 $\frac{1}{3} \times \frac{3}{5} = \frac{1}{5} = 20\%$이다.

21

정답 ①

K사원이 매주 반복적으로 수행해야 하는 업무는 월요일 '커피 머신 청소'와 '주간회의 준비 및 진행'으로 총 2가지이다.

22

정답 ③

오늘은 7월 12일 화요일이므로 내일은 7월 13일 수요일이다. '급여 이체의뢰서 작성 및 지급 은행 제출'의 업무(완수)일은 14일 목요일이므로 내일까지 완료해야 할 업무가 아니다.

오답분석

①·②·④·⑤ 어제까지 완료한 업무는 월요일마다 하는 '커피 머신 청소', '주간회의 준비'와 '자동문 수리 기사 방문 확인'이 있다. 그리고 내일까지 사내 비치용 다과를 구입해야 한다.

23

정답 ④

7월 21일 14시 ~ 14시 30분 사이에 에어컨 필터 교체 기사가 방문하며, 소요시간이 2시간이라고 하였다. 따라서 7월 21일 10:00 ~ 15:00에는 교육 수강이 불가능하다.

24

정답 ④

8월 첫째 주에 가장 먼저 처리해야 할 업무는 8월 1일 월요일 업무이다. 매주 월요일 '커피 머신 청소' 그리고 '주간회의 준비 및 진행'이 있다. 첫째 주 주간회의는 오전 10시 시작이므로 출근 후 시간이 충분할 경우 주간회의 시작 전에 해야 하는 '커피 머신 청소'와 주간회의 전에 해야 하는 '주간회의 준비 및 진행'을 완료해야 한다. 다음으로 8월 4일 목요일에 '급여 계산 완료 및 결재 요청'에 착수해야 하며, 다음 날에는 '2차 팀워크 향상 교육 준비'를 진행해야 한다.

업무 내용을 업무(완수)일이 일찍 끝나는 것부터 정리하면 다음과 같다.

업무 내용	필요 기간	착수일	업무(완수)일
▶ 자동문 수리 기사 방문(11 ~ 12시 사이)	1시간	07.11(월)	07.11(월)
▶ 사내 비치용 다과 구입	1시간	07.13(수)	07.13(수)
▶ 급여 이체의뢰서 작성 및 지급 은행 제출	3시간	07.14(목)	07.14(목)
▶ 1차 팀워크 향상 교육 준비	4일	07.21(목)	07.27(수)
▶ 2차 팀워크 향상 교육 준비	3일	08.05(금)	08.10(수)
▶ 급여 계산 완료 및 결재 요청	5일	08.04(목)	08.11(목)
▶ 급여 이체의뢰서 작성 및 지급 은행 제출	3시간	08.12(금)	08.14(일)
▶ 3차 팀워크 향상 교육 준비	3일	08.19(금)	08.24(수)
▶ 팀워크 향상 교육 결과 보고서 제출	4일	08.25(목)	08.31(수)

따라서 8월 첫째 주의 일처리 순서는 '커피 머신 청소 → 주간회의 준비 및 진행 → 급여 계산 완료 및 결재 요청 → 2차 팀워크 향상 교육 준비'이다.

25

정답 ②

선택지에 제시된 항공편의 비용은 다음과 같다.

① SP－340 : $87\times10\times2\times0.9=1,566$만 원

② GE－023 : $70\times10\times2=1,400$만 원

③ NL－110 : $85\times10\times2\times0.95=1,615$만 원

④ KR－730 : $88\times10\times2=1,760$만 원

⑤ AR－018 : $90\times10\times2\times0.85=1,530$만 원

따라서 가장 저렴한 비용으로 이용할 수 있는 항공편은 GE－023이다.

26

정답 ④

네덜란드와 한국의 시차는 8시간이며 한국이 더 빠르다고 명시되어 있으므로, 한국시각으로 2024년 5월 11일 오전 1시에 네덜란드 농민과의 만찬이 예정되어 있다. 만찬 장소까지 소요되는 5분을 고려하여 네덜란드 공항에는 2024년 5월 11일 오전 12시 55분까지 도착해야 한다.

선택지에 제시된 항공편의 도착시간은 다음과 같다.

① SP－340 : 한국시각 2024년 5월 10일 14시+11시간 50분=2024년 5월 11일 오전 1시 50분

② GE－023 : 한국시각 2024년 5월 10일 9시+5시간+10시간 30분=2024년 5월 11일 오전 12시 30분

③ NL－110 : 한국시각 2024년 5월 10일 14시 10분+11시간 10분=2024년 5월 11일 오전 1시 20분

④ KR－730 : 한국시각 2024년 5월 10일 12시+12시간 55분=2024년 5월 11일 오전 12시 55분

⑤ AR－018 : 한국시각 2024년 5월 10일 13시+12시간 50분=2024년 5월 11일 오전 1시 50분

따라서 이 시간까지 도착할 수 있는 항공편 ②, ④ 중에서 경유시간이 없는 KR－730을 선택한다.

27

정답 ⑤

네덜란드 현지시각으로 2024년 5월 10일 오후 4시는 한국시각으로 2024년 5월 11일 오전 12시이다.

선택지에 제시된 항공편의 도착시각은 다음과 같다.

① GE－023 : 한국시각 2024년 5월 10일 9시+5시간+10시간 30분=2024년 5월 11일 오전 12시 30분

② NL－110 : 한국시각 2024년 5월 10일 14시 10분+11시간 10분=2024년 5월 11일 오전 1시 20분

③ KR－730 : 한국시각 2024년 5월 10일 12시+12시간 55분=2024년 5월 11일 오전 12시 55분

④ AR－018 : 한국시각 2024년 5월 10일 오후 1시+12시간 50분=2024년 5월 11일 오전 1시 50분

⑤ OL－038 : 한국시각 2024년 5월 10일 10시 30분+3시간+10시간 30분=2024년 5월 11일 오전 12시

따라서 이 시간까지 도착할 수 있는 항공편은 OL－038이다.

28

정답 ②

L사에서 공항까지의 거리를 $x$km라고 하면 다음과 같은 식이 성립한다.

$\frac{x}{40}=\frac{x}{45}+\frac{1}{6}$

$\rightarrow 9x-8x=60$

$\therefore\ x=60$

따라서 L사에서 공항까지의 거리는 60km이다.

29

정답 ⑤

제시문에 따르면 지원자의 직무 능력을 가릴 수 있는 요소들을 배제하는 것은 기존의 채용 방식이 아닌 블라인드 채용 방식이며, 이를 통해 직무 능력만으로 인재를 평가할 수 있다. 따라서 ⑤는 블라인드 채용의 등장 배경으로 적절하지 않다.

30

정답 ④

제시문에 따르면 블라인드 면접의 경우 자료 없이 면접을 진행하는 무자료 면접 방식과 면접관의 인지적 편향을 유발할 수 있는 항목을 제거한 자료를 기반으로 진행하는 면접 방식이 있다.

오답분석

① 무서류 전형은 최소한의 정보만을 포함한 입사지원서를 접수하되 이를 선발 기준으로 활용하지 않는 방식이다.
② 블라인드 처리되어야 할 정보를 수집할 경우, 온라인 지원서상 개인정보를 암호화하여 채용담당자는 이를 볼 수 없도록 기술적으로 처리한다.
③ 무자료 면접 방식은 입사지원서, 인·적성검사 결과 등의 자료 없이 면접을 진행한다.
⑤ 기존에 쌓아온 능력·지식 등은 서류 전형이 아닌 필기 및 면접 전형을 통해 검증된다.

31

정답 ⑤

제시문에 따르면 기존 채용(㉠)은 지원자들의 무분별한 스펙 경쟁을 유발하는 반면, 국가직무능력표준(NCS) 기반 채용(㉡)은 지원자의 목표 지향적인 능력과 역량 개발을 촉진한다.

32

정답 ⑤

월요일부터 토요일까지 각 팀의 회의 진행 횟수가 같으므로 6일 동안 6개 팀은 각각 2번씩 회의를 진행해야 한다. 주어진 조건에 따라 A~F팀의 회의 진행 요일을 정리하면 다음과 같다.

<table>
<tr><th>월</th><th>화</th><th>수</th><th>목</th><th>금</th><th>토</th></tr>
<tr><td rowspan="2">C, B</td><td rowspan="2">B, D</td><td>C, E</td><td rowspan="2">A, F</td><td rowspan="2">A, F</td><td>D, E</td></tr>
<tr><td>D, E</td><td>C, E</td></tr>
</table>

오답분석

① E팀은 수요일과 토요일에 모두 회의를 진행한다.
② 화요일에 회의를 진행한 팀은 B팀과 D팀이다.
③ C팀과 E팀은 수요일과 토요일 중 하루는 함께 회의를 진행한다.
④ C팀은 월요일에 1번 회의를 진행하였고, 수요일 또는 토요일 중 하루만 회의를 진행한다.

33

정답 ④

제시문의 (다)는 천연가스의 경쟁력과 천연가스가 기존의 주요 화석에너지를 대체할 수 있는 에너지원이라는 점이 세계적으로 입증되었다고 말하고 있으므로 첫 번째 문단으로 오는 것이 적절하다. 그 후에 세계적인 추세와는 다른 우리나라에서의 천연가스 역할을 언급하고 있는 (가), 그 뒤로 우리나라의 에너지 정책이 나아가야 할 방향을 제시하고 있는 (나)가 와야 한다. 따라서 (다) – (가) – (나) 순으로 나열하는 것이 적절하다.

34

정답 ②

제시문에 따르면 천연가스는 화석연료라는 점에서 감축의 대상이지만, 온실가스 배출량 감축의 실행적인 측면에서 기존의 주요 화석에너지를 대체하는 에너지원이기도 하다. 궁극적으로는 신재생에너지로의 전환 과정에서 천연가스는 화석연료와 신재생에너지 사이를 연결하는 '가교 역할'을 한다고 볼 수 있다.

35

정답 ④

제시문은 천연가스의 긍정적 전망과 경쟁력을 언급하면서 에너지원으로써 국가에너지믹스에서의 역할이 더욱 기대된다고 말하고 있다. 그 이후로 우리나라 에너지 정책의 방향성을 제시하고 있으므로 '국가에너지믹스에서 천연가스의 역할'이 글의 주제로 가장 적절하다.

36

정답 ①

'겉과 속이 다르다.'의 뜻을 가진 한자성어는 '부화뇌동(附和雷同)'이 아니라 '표리부동(表裏不同)'이다. '부화뇌동(附和雷同)'은 '줏대 없이 남의 말을 따르다.'라는 의미이다.

오답분석

② 조삼모사(朝三暮四) : 간사한 꾀로 남을 속여 희롱함을 이르는 말
③ 지음(知音) : 마음이 서로 통하는 친한 벗을 비유적으로 이르는 말
④ 여반장(如反掌) : 손바닥을 뒤집는 것 같다는 뜻으로, 일이 매우 쉬움을 이르는 말
⑤ 고진감래(苦盡甘來) : 쓴 것이 다하면 단 것이 온다는 뜻으로, 고생 끝에 즐거움이 옴을 이르는 말

37

정답 ②

방 배정기준에 따라 경우를 나누어 표로 정리하면 다음과 같다.

<table>
<tr><th colspan="2">구분</th><th colspan="6">경우 1</th><th colspan="6">경우 2</th></tr>
<tr><td rowspan="2">층별 사용자</td><td>2층</td><td colspan="3">A, C</td><td colspan="3">F</td><td colspan="3">A, E</td><td colspan="3">F</td></tr>
<tr><td>1층</td><td colspan="2">B, G</td><td colspan="2">D</td><td colspan="2">E</td><td colspan="2">B, G</td><td colspan="2">C</td><td colspan="2">D</td></tr>
</table>

따라서 A와 함께 방을 쓸 사람은 C 또는 E이다.

38

정답 ④

다섯 번째 조건에서 C와 E는 다른 층을 사용한다고 하였다. 따라서 E가 1층을 사용할 경우는 37번 해설의 경우 1에 해당하므로 C는 2층에서 A와 함께 방을 사용한다.

39

정답 ③

37번 해설을 따르면 경우 1에서는 B, D, G, E가 1층을, 경우 2에서는 B, C, D, G가 1층을 사용한다. 따라서 어떠한 경우에도 1층은 항상 4명이 방을 사용한다.

40

정답 ③

37번 해설을 따르면 경우 1에서는 A, C, F가 2층을, 경우 2에서는 A, E, F가 2층을 사용한다. 따라서 어떠한 경우에도 2층은 항상 3명이 방을 사용한다.

M E M O

2026 최신판 시대에듀 사이다 모의고사
롯데그룹 L-TAB 온라인 직무적합진단

개정13판1쇄 발행	2025년 12월 15일 (인쇄 2025년 11월 21일)
초 판 발 행	2018년 10월 15일 (인쇄 2018년 10월 02일)
발 행 인	박영일
책 임 편 집	이해욱
편 저	SDC(Sidae Data Center)
편 집 진 행	안희선 · 정수현
표지디자인	김경모
편집디자인	유가영 · 임창규
발 행 처	(주)시대고시기획
출 판 등 록	제10-1521호
주 소	서울시 마포구 큰우물로 75 [도화동 538 성지 B/D] 9F
전 화	1600-3600
팩 스	02-701-8823
홈 페 이 지	www.sdedu.co.kr
I S B N	979-11-434-0427-5 (13320)
정 가	18,000원

사
이
다

사일 동안
이것만 풀면
다 합격!

롯데그룹
온라인 L-TAB

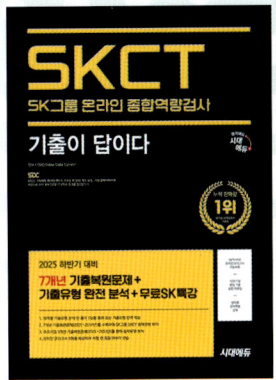

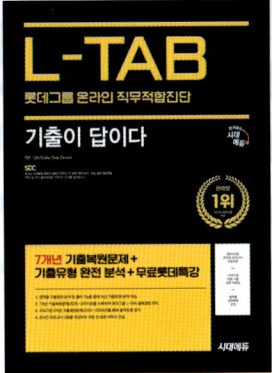

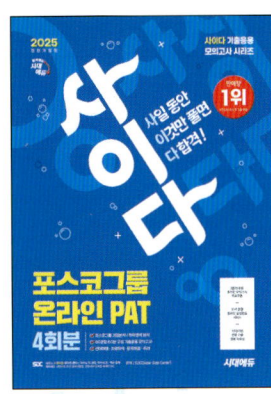

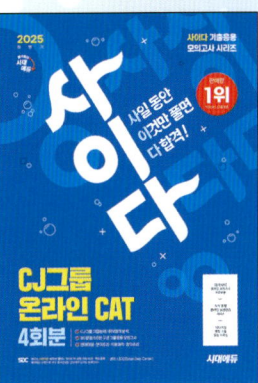

시대에듀가 합격을 준비하는
당신에게 제안합니다.
성공의 기회
시대에듀를 잡으십시오.
NEXT STEP
시대에듀
기회란 포착되어 활용되기 전에는 기회인지조차 알 수 없는 것이다.
– 마크 트웨인 –